Gisela Allkemper

# Das kleine Kürbis Kochbuch

Hölker Verlag

Gekürzte und vollständig überarbeitete Miniausgabe
des ebenfalls im Verlag W. Hölker erschienenen Titels
„Endlich Kürbiszeit!"

5 4 3 2 1
ISBN 3-88117-580-6
Umschlag: Niels Bonnemeier
Innenseiten: Heidrun Schröder, Niels Bonnemeier
Redaktion: Monika Römer

Printed in Italy

# Inhalt



Die Rezepte sind, falls nicht anders angegeben,
für 4 Personen berechnet.

For pottage and puddings,
and custards, and pies,
Our pumpkins and parsnips
are common supplies,
We have pumpkins at morning
and pumpkins at noon;
If it were not for pumpkins,
we should be undoon.

(Gertrude Ida Thomas,
Food of Our Forefathers, 1941)

# Zur Einstimmung

Das Thema „Kürbis in der Küche“ beschäftigte mich schon lange, bevor die „Kürbis-Welle“ auch Deutschland erreichte. Anstoß für mein Interesse war ein Amerikabesuch, der mir köstliche Kürbisgerichte bescherte, und bei dem ich das Halloween-Brauchtum so richtig miterleben konnte. Aber von diesen Erlebnissen bis zum Sammeln und Aufschreiben der Rezepte war noch ein weiter Weg...
In vielen Ländern seit Jahrtausenden sehr verbreitet, kommt der Kürbis bei uns erst jetzt so richtig „ins Gerede“. Gegen Ende des Sommers und im Herbst quellen die Wochenmärkte geradezu über von Bergen der verschiedensten Sorten. Was kann man aus Kürbissen zubereiten? Wie gehen andere Völker mit ihnen um? Ist das allgemeine Interesse nur eine Modeerscheinung, die wieder vergeht? All diese Fragen ließen mir keine Ruhe. Ihnen ein wenig die „tolle, dicke Frucht“ näher zu bringen, sie Ihnen als Bereicherung Ihres Speiseplans ans Herz zu legen, das ist mein Anliegen mit diesem Buch. Möge es ein aufnahmefreudiges, treues Publikum finden!

In diesem Sinne viel Freude beim Durchblättern und gutes Gelingen beim Nachkochen wünscht Ihnen Ihre

Gisela Allkemper

# Wissenswertes rund um den Kürbis

## Zur Geschichte

In China nennt man den Kürbis „Kaiser des Gartens". Eine griechische Redewendung lautet: „Gesund wie ein Kürbis". Und das kommt nicht von ungefähr. Auch wir wissen heute um den gesundheitsfördernden Wert der Frucht (darüber an anderer Stelle mehr).
Die ältesten Belege für die Existenz von Kürbissen stammen aus Mittelamerika. Man fand ihre Samen in mexikanischen Grotten, die auf 7000 v. Chr. zurückgehen. Sie ließen den Schluss zu, dass die Indianer Mittelamerikas den Kürbis schon vor 9000 Jahren schätzten. Den Indianern ging es weniger um das Fruchtfleisch, das zum Teil noch aus ungenießbaren

Züchtungen stammte, als vielmehr um die Kerne und die harten Schalen. Den Kernen sprach man heilende Kräfte bei Blasenleiden und Bandwurmbefall zu. Sie wurden gemahlen als Tee verabreicht oder wie Mehl u.a. zu einer Art Tortilla verarbeitet. Dies belegen einige 4000–5000 Jahre alte Rezepte. Die Schalen dienten als Kochgeschirr, und die länglichen Birnenformen der ausgelösten Kalebassen (Flaschenkürbisse) hielten Getränke für lange Zeit frisch. Die Urbevölkerung Argentiniens und Uruguays kannte bereits spezielle Züchtungen, wie z.B. den dicken Winterkürbis.
Als die ersten Siedler aus England und Irland nach Nordamerika kamen, brachten auch sie, ohne von den Indianern zu wissen, Kürbissamen mit, eigentlich um Futterpflanzen für ihre Schweine anzubauen. Aber die Not der Menschen machte sie erfinderisch im Umgang mit dem Kürbis. In harten Zeiten ersetzte er ihnen größtenteils die teurere Kartoffel. Einige wenige Rezepte sind aus dieser Zeit noch erhalten. Vermutlich waren die Kürbissamen im Zuge des regen Warenverkehrs der Ostindischen Handelsgesellschaft nach England gelangt. Denn auch in Indien und China war der Kürbis das Grundnahrungsmittel schlechthin. Entdeckungsreisende und angeheuerte Feldarbeiter taten ein Übriges zur Verbreitung des Gemüses.
Der Kürbis ist in fast allen Ländern mit feucht-heißem Klima vertreten. Dort findet er die besten Wachstumsbedingungen vor. Selbst im südlichen Russland und in Rumänien ist er seit Jahrhunderten wegen seiner öl- und vitaminreichen Kerne und des preiswerten, sättigenden Fleisches sehr geschätzt.

# Kürbisfeste im Wandel der Zeiten

Inzwischen hat es sich herumgesprochen: Kürbis ist „in“. Auch bei uns kocht und bastelt man mit der vielseitigen Frucht. Was bei anderen Völkern seit Jahrhunderten gepflegt wird, was in Nordamerika im Mittelpunkt eines der beliebtesten Feste steht, hat sich seit ein paar Jahren auch bei uns eingebürgert.

Ihren Ursprung haben die Kürbisfeste in Riten, die in England und Wales von den keltischen Druiden begangen wurden. Halloween – das keltische Wort „Hallow“ bedeutet heilig – war der Vorabend von Hallomes, dem Allerheiligenfest am 1. November. Am Abend des 31. Oktober fand ein Dankesfest für den Sonnengott statt, in dessen Verlauf die bösen Geister des alten Jahres mit Feuer und Lärm vertrieben wurden. Das neue Jahr sollte mit Heiterkeit, Vergnügen und gutem Essen begrüßt werden. Überall brannten große Feuer, um die herum Geistergestalten ausgelassen tanzten. Die Feuer wichen im Laufe der Zeit Lampions, die zunächst aus Riesenkohlrabis geschnitzt wurden.

Die ersten Siedler, die von Europa nach Nordamerika auswanderten, nahmen dieses Brauchtum in ihre neue Heimat mit. Sie zogen jedoch die Kürbisse den Kohlrabis vor. Im ersten Jahr ihrer Auswanderung feierten die Siedler mit dem Halloween-Fest vor allem ihr Überleben, ihre neue Existenz.

Heute begehen viele Amerikaner Halloween etwa so: 1–2 Tage vorher höhlen sie einen möglichst großen Kürbis aus und verpassen ihm ein Gesicht, das von innen mit einer Kerze beleuchtet wird. Diese Fratzen stellen sie am Halloween-Abend auf eine Fensterbank oder vor die Haustür. Man sagt, damit könne man böse Geister verjagen. Außerdem ziehen fantasievoll verkleidete Kinder mit tragbaren Kürbislampions von Haus zu Haus, von Straße zu Straße, treiben Schabernack und erbitten Süßigkeiten oder Spielsachen. „Trick or treat" lautet ihr Spruch, und wehe dem, der das nicht verstehen will. Halloween ist ein Fest für Erwachsene und Kinder gleichermaßen. Es wird von allen intensiv gefeiert. Maskenfeste in den Schulen, Wettbewerbe um den schönsten Kürbis und Umzüge gehören ebenso dazu wie ein besonderes Dinner später am Abend, und die gemütliche Runde am Kamin, bei der Schauergeschichten erzählt werden, und zu der sich auch Freunde einfinden.

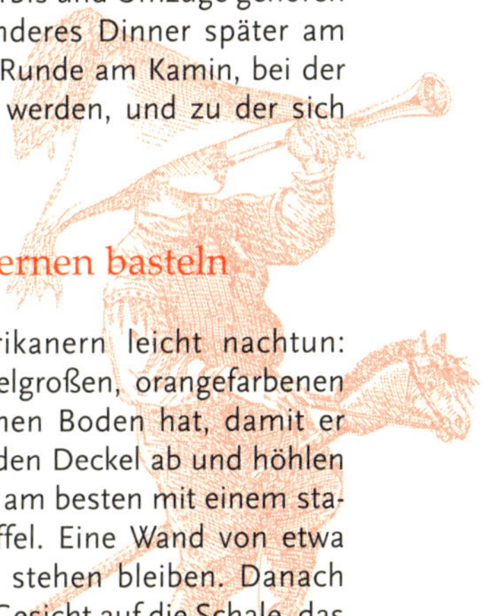

## Halloween-Laternen basteln

Sie können es den Amerikanern leicht nachtun: Suchen Sie sich einen mittelgroßen, orangefarbenen Riesen aus, der einen flachen Boden hat, damit er sicher steht. Schneiden Sie den Deckel ab und höhlen Sie die Frucht aus. Das geht am besten mit einem stabilen, scharfkantigen Esslöffel. Eine Wand von etwa 3 Zentimetern Dicke sollte stehen bleiben. Danach zeichnen Sie von außen ein Gesicht auf die Schale, das dann mit einem scharfen, spitzen Messer, einem Cutter oder mit Laubsägeblättern herausgeschnitten wird. Für den Kerzenhalter schneiden Sie am besten einen passenden Streifen Metallfolie zu. Die Unterkante wird grob gezackt und in den Kürbisboden gedrückt. Damit dieses Kunstwerk nicht zu schnell austrocknet und schrumpelt, reibt man die Schnittflächen mit Öl oder Vaseline ein. Ein Wasserbad von mehreren Stunden ist ebenfalls sehr hilfreich. So können Sie den Feuchtigkeitsverlust bis zu 5 Tage hinauszögern.

## Anbau und Ernte

Der Kürbis wächst innerhalb eines Jahres aus einem Kern von unter 2 Zentimetern Größe zu einer Pflanze mit Ranken von mehreren Metern Länge heran. Gepflanzt wird im März: Man füllt einen großen Blumentopf mit humusreicher Erde, steckt 2–3 Samen 2 Zentimeter tief hinein und stellt den Topf an einen sonnigen Fensterplatz. Die kräftigen Jungpflanzen können dann im Mai im Freien ausgepflanzt werden. Nach den letzten Frösten, also ab Ende April, Anfang Mai, kann man die Samen auch direkt ins Erdreich legen, am besten am Rande eines Komposthaufens. Die Ranken, die am Boden und über den Kompost wachsen, halten diesen feucht und der wiederum düngt die jungen Pflanzen. In jedem Fall empfiehlt es sich, genügend Platz einzukalkulieren, denn eine einzige Kürbispflanze kann 2–5 Quadratmeter beanspruchen. Hat man nicht so viel Platz, greift man lieber zu solchen Kürbisarten, die an Gestellen hochranken. Kürbisse gedeihen besonders gut an warmen Plätzen, am besten in der Nähe Schatten spendender Pflanzen. Früchte, die der prallen Sonne ausgesetzt sind, neigen dazu zu platzen, darum sollte man sie mit einem großen Blatt abdecken.

Die Kürbispflanze hat haarige Blätter, die für eine hohe Wasserverdunstung sorgen. Deshalb benötigen die Pflanzen neben humusreichem Boden täglich viel Wasser (bis zu 50 Liter). Die Pflanze bildet gelbe, trichterförmige Blüten sowohl männlichen als auch weiblichen Geschlechts aus. Nur aus letzteren entwickeln sich Früchte. Die männlichen Blüten dagegen knipst man ab (sie sind in der Küche vielseitig verwendbar). Jeder, der Kürbisse von rekordverdächtiger Größe ernten möchte, sollte die Zahl der Blüten noch weiter reduzieren. Denn hier gilt die Faustregel: je weniger Blüten, desto größere Früchte.

Damit die heranwachsenden Kürbisse weder faulen noch Druckstellen bekommen, unterlegt man sie am besten mit Stroh, einem Ziegelstein oder einem Brett. Sommerkürbisse werden schon im August geerntet, wenn sie noch unreif sind. Winterkürbisse dagegen lässt man bis kurz vor dem ersten Frost voll ausreifen. Man schneidet sie 5 Zentimeter vom Stängelansatz entfernt ab. Vollreife Früchte besitzen einen eingetrockneten Stiel, und die Frucht selbst klingt hohl, wenn man gegen ihre Schale klopft.

## Tipps zu Lagerung und Konservierung

Da es nicht das ganze Jahr über frische Kürbisse gibt, sie aber im Spätsommer und Herbst überaus zahlreich vorhanden sind, sollte man Folgendes beachten:

- Ganze, makellose Kürbisse halten sich bei richtiger Lagerung und bei einer Temperatur von 10–13 °C mehrere Wochen, Winterkürbisse bis zu mehreren Monaten (etwa bis Februar). Sie werden am besten an einem luftigen Platz in einem Netz aufgehängt. So bekommen sie keine Druckstellen.

- Kürbissegmente, die nicht sofort verwendet werden, halten sich 2–3 Tage im Kühlschrank.

- Wollen Sie sie erst nach längerer Zeit weiterverarbeiten, entfernen Sie Fasern und Kerne, schälen das Fruchtfleisch und würfeln es. Danach blanchieren Sie die Kürbiswürfel in wenig, mit etwas Zitronensaft versetztem Wasser 2–3 Minuten und füllen sie in Gefrierdosen. Oder man püriert sie und portioniert das Mus in Dosen. Obenauf etwas Zitronensaft gießen, damit das Gefriergut nicht braun wird. So hält sich das Kürbisfleisch mehrere Monate.

- Wenn Sie die Kerne verwerten wollen, werden diese von den Fasern getrennt, gewaschen und gekocht. Dabei platzen die hellen Schalen auf und die

Kerne lassen sich problemlos herauslösen. Nur wenige Kürbissorten haben schalenlose Kerne, so z.B. der Buschölkürbis aus der Steiermark.

● Nach dem Kochen trocknet man die Kerne und brät sie in einer Pfanne mit wenig oder ganz ohne Öl. Man kann sie entweder salzen oder mit Zimt und Zucker süßen. Sie werden in Gläsern im Kühlschrank aufbewahrt und können für Salate, Gemüsegerichte oder Desserts verwendet werden. Im Orient knabbert man sie seit jeher den ganzen Tag über so nebenbei. Doch darüber an anderer Stelle mehr.

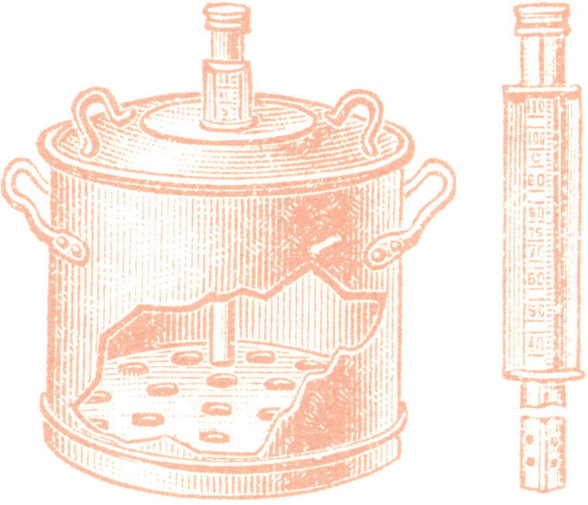

## Sorten, Aussehen und Geschmack

Etwa 800 verschiedene Sorten zählt die Kürbisfamilie (Cucurbitaceae), zu der auch Gurken und Melonen gehören. Für Hobbyköchinnen und Hobbyköche ist aber weniger die botanische Unterscheidung der Arten und Sorten von Interesse, als eine nach Reifegrad und Verwendungsart. Demnach unterteilt man sie grob in Sommer-, Winter- und Zierkürbisse:

- Sommerkürbisse (Gemüsekürbisse) sind besonders schnellwüchsig und werden unreif geerntet. Zu ihnen zählen die weißen, gelben und grünen Patissons, auch unter der Bezeichnung Bischofsmützen bekannt, ebenso wie die Sommersquashes und die kleinen roten Jack Be Little. Das Fleisch der Sommerkürbisse ist von angenehm nussigem Geschmack. Sie halten sich etwa drei Wochen. Übrigens sind die Zucchini als Gurkenkürbisse eng mit ihnen verwandt.

- Winterkürbisse (Speisekürbisse) werden erst kurz vor dem ersten Frost voll ausgereift geerntet und sind bei sachgemäßer Lagerung sehr lange haltbar. Zu ihnen zählen die Riesenkürbisse, von denen der Grüne oder Gelbe Zentner bis zu 100 Kilogramm Gewicht auf die Waage bringen. Der Zentner ist vielseitig verwendbar, da sein Geschmack mild und sein Fleisch zum Einkochen und Pürieren bestens geeignet ist.
Zur Gruppe der Winterkürbisse gehören auch die vielen verschiedenen Arten der Moschuskürbisse, von denen der Hokkaido wohl der beliebteste ist. Er ist in

verschiedenen, eher kleineren Größen im Handel, hat eine orangefarbene, feste, glatte Schale und zeichnet sich durch einen hohen Carotingehalt aus.
Der Hokkaido weist einen angenehmen Maronengeschmack auf, der bei sachgemäßer Lagerung zunimmt und besonders Pies ein angenehmes Aroma verleiht. Aber auch andere Sorten von Moschuskürbissen sind kulinarisch sehr interessant: Das Fleisch des Muskatkürbisses z.B. hat eine charakteristische Muskatnote und eine intensive Süße. Der Butternut schmeckt ebenfalls süß und verleiht Saucen eine sämige Konsistenz. Der Table Queen eignet sich vor allem zum Braten. Der Türkenturban mit seiner Kronenform sieht zwar wie ein Zierkürbis aus (s.u.), gehört aber zu den Speisekürbissen.

Zierkürbisse sind, wie der Name schon sagt, nicht zum Verzehr geeignet. Sie können aber im Herbst als hübscher Tafelschmuck dienen, und man kann mit ihnen herrlich basteln. Einige wie Flaschen geformte Kürbisse (Kalebassen) eignen sich außerdem bestens als Trinkgefäße.

Anzumerken wäre noch Folgendes: Die verschiedenen Kürbissorten lassen sich leicht kreuzen, deshalb sind immer neue Sorten auf dem Markt zu finden. Fragen Sie also den Händler einfach, was er im Angebot hat.

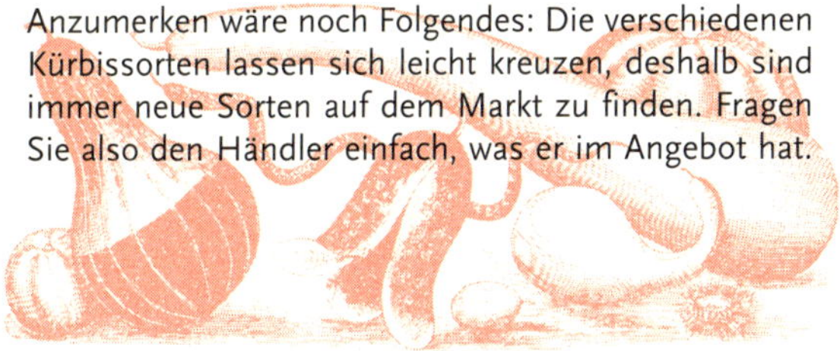

## Nährwerte

Der Kürbis ist ohne Frage ein gesundes Produkt. Er besteht zu 90 Prozent aus Wasser, liefert aber Kohlehydrate in Form von Zucker, etwas Eiweiß, kein Fett und mehr Carotin als Möhren. 100 Gramm Kürbisfleisch enthalten außerdem 30 Milligramm Calcium, 8 Milligramm Magnesium und 1 Milligramm Eisen. Mit 10 Milligramm Vitamin C und vielen Vertretern der Vitamin-B-Gruppe ist das Kürbisfleisch ein richtiger Gesundbrunnen. Zudem enthalten 100 Gramm davon nur etwa 25 Kilokalorien. Es entwässert, lindert Nierenerkrankungen und wirkt harntreibend. Auch bei Prostataerkrankungen ist Kürbisfleisch ein äußerst wirksames Naturheilmittel.

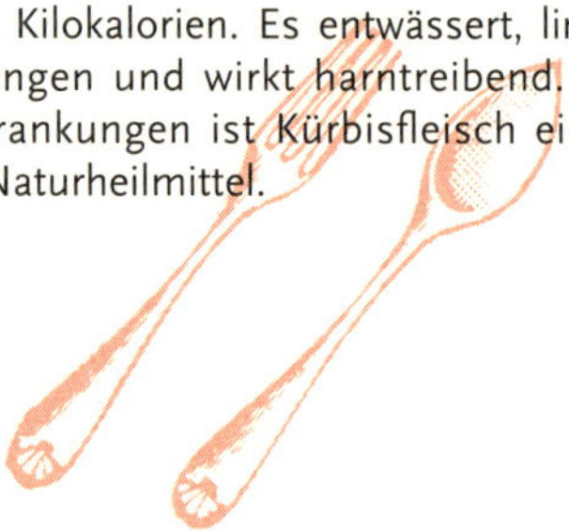

## Grundregeln für die Zubereitung

Sommerkürbisse, allen voran Patisson und Jack Be Little, kocht man mit der Schale. Sie wird beim Kochen weich und kann mitgegessen werden. Man schneidet die Kürbisse vom Stiel zum Blütenansatz durch, entfernt Fasern und Kerne und brät, schmort, kocht, füllt oder dämpft sie mit der Schale.

Winterkürbisse sind hartschalig und fest im Fleisch. Ihre Schalen werden weggeworfen, wenn man sie nicht zum Füllen, quasi als Schüssel, benutzt. Meistens verwendet man das saftige Fleisch des Riesenkürbisses, des Grünen, Gelben oder Roten Zentners und des Hokkaidos. Ihre Stängel sollten holzig, ihr Fleisch fest sein. Klopft man an ihre Schale, müssen reife Früchte hohl klingen. Beachten Sie beim Einkauf, dass Sie 20–30 Prozent Abfall einkalkulieren müssen.
Segmente, die man längs herausschneidet, werden von den Fasern und Kernen befreit. Die Schale schneidet man ab. Das Fleisch wird gewürfelt und, da es beim Kochen Saft zieht, nur mit wenig Wasser aufgesetzt. Je nach Rezept wird es dann gewürfelt oder als Püree weiterverarbeitet.
Da das Fleisch relativ geschmacksneutral ist, kommt es auf das richtige Würzen an. Egal, ob süß oder salzig zubereitet, bietet es sich an, exotische Gewürze wie Gewürznelken, Ingwer, Curry, Safran, Zimt, Kardamom und Koriander zu verwenden. Außerdem betonen weißer oder schwarzer Pfeffer, Cayennepfeffer, Paprika, Knoblauch, Zwiebeln und Senf den Eigengeschmack. Als Kräuter sind Basilikum, Minze und Majoran gute Begleiter für den Kürbis. Und das Allround-Gemüse harmoniert auch mit den Aromen von Mandeln, Pinienkernen und Zitronen bzw. Limetten.

## Die Kürbiskerne

Die Samenkerne des Kürbisses sind reich an Vitaminen, Mineralien sowie Spurenelementen. Durch ihren Ölanteil von 40 Prozent haben sie etwa 540 Kilokalorien auf 100 Gramm. Sie sind ein wirksames Naturheilmittel gegen Blasen- und Prostataleiden. Sie schmecken nussig und sind ebenso vielseitig verwendbar wie Mandeln, Pistazien oder Pinienkerne. Die Kerne der meisten Kürbissorten sind von einer weißen Schale umhüllt, die, wie bei Pistazien, beim Kochen platzt. Danach lassen sich die Kerne mühelos herausschälen.

Die Kürbiskerne sind dunkelgrün und dienen vor allem zur Ölgewinnung und Arzneimittelherstellung. Besonders im Süden Deutschlands, in der Steiermark, in Rumänien und Russland gewinnt man aus den Kernen, nachdem man sie gekocht, geröstet und gestampft hat, ein dunkelgrünes, sehr schmackhaftes Öl. Es wird zwar nicht kaltgepresst, enthält aber die wichtigen Nährstoffe der Kerne. Kürbiskernöl hält sich, kühl und dunkel in einer fest verschlossenen Flasche gelagert, ungefähr ein Jahr.

Will man Kürbiskerne in der Küche einsetzen, muss man selbstverständlich nicht gleich einen ganzen Kürbis ziehen oder kaufen. Die Kerne sind auch in Apotheken, Reformhäusern, Bioläden und in den Naturkostabteilungen gut sortierter Supermärkte erhältlich. Da sie, wie gesagt, sehr ölhaltig sind, werden sie leicht ranzig. Darum sollten sie in einem Schraubglas gut verschlossen im Kühlschrank aufbewahrt werden. Die Kürbiskerne sind vielfältig einsetzbar: Sie können wie Nüsse beim Backen und bei der Zubereitung von Müslis, Salaten, kalten Saucen und Gemüsegerichten verwendet werden.

# Vorspeisen, Snacks und Salate

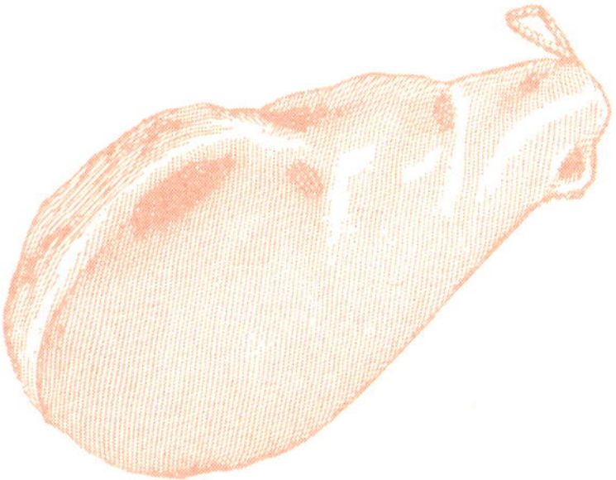

# Gebratene Kürbisscheiben mit Schinken

2 kleine Sommerkürbisse, etwas Mehl,
knapp 1/8 l Olivenöl, 3 fein gehackte Knoblauchzehen,
Saft von 1 Zitrone, 2 EL gerebelter Salbei,
Salz, Pfeffer, 8 Scheiben luftgetrockneter Schinken

Die Kürbisse schälen und quer in 2 Zentimeter dicke Scheiben schneiden. Von Fasern sowie Kernen befreien und in Mehl wenden. Kürbisscheiben von beiden Seiten in Öl goldbraun braten, herausnehmen und warm stellen. Im selben Bratöl Knoblauch, Zitronensaft und Salbei anschwitzen, salzen und pfeffern. Schinken auf Teller verteilen, Kürbisscheiben daneben anrichten, mit dem Bratöl beträufeln und sofort servieren. Dazu Vollkornbrotstreifen reichen.

# Pumpkin-Bits

Dies ist ein altes Vorspeisenrezept für das Halloween-Dinner. Traditionell verwertet man für dieses Gericht das Fleisch eines großen Kürbisses, der zuvor vorsichtig ausgehöhlt wurde. Später dient die intakte Kürbisschale dann, mit einem gespenstischen Gesicht versehen, als Dekoration für das Halloween-Fest. Näheres zu Halloween finden Sie im Einleitungskapitel auf S. 10–12.

1 kg Kürbis (Winterkürbis),
20 g Butter, 50 g Parmesan, etwas Mehl,
2 gehackte Knoblauchzehen, weißer Pfeffer, Salz,
etwas Oliven- oder Kürbiskernöl

Den Winterkürbis schälen, von Fasern sowie Kernen befreien und das Fleisch in etwa 3 Zentimeter große Würfel schneiden.
Eine Auflaufform mit der Butter einfetten und mit etwas Parmesan ausstreuen. Die Kürbiswürfel in Mehl wälzen und in die Auflaufform legen. Mit Knoblauch und dem restlichen Parmesan bestreuen. Den Kürbis pfeffern, salzen, mit etwas Öl beträufeln.
Im auf 200 °C vorgeheizten Ofen in 30–40 Minuten knusprig backen. Dazu Toastbrotecken, Baguettescheiben oder knackigen Salat servieren.

# Kürbis, ägyptische Art

4 kleine Kürbisse, 40 g Butter
Für die Füllung: 100 g gekochter Langkornreis (z.B. Basmati), 2 TL Tomatenmark, 150 g Gehacktes vom Lamm, 1 EL gehackte frische Pfefferminze, 1 EL gehackte frische Petersilie, 1/2 Knoblauchzehe, 1/2 TL Fenchelsamen oder 1 EL gehackte frische Fenchelknolle, Salz, Pfeffer
Für die Gemüsesauce:
1 gehackte Zwiebel, 1 große gewürfelte Möhre, 2 EL gehacktes Tomatenfruchtfleisch, 1 EL Tomatenmark, 50 ml Bratfond

Einen Deckel von den Kürbissen abschneiden und die Früchte leicht aushöhlen. Das Fleisch von Kernen sowie Fasern befreien und fein würfeln.
Alle für die Füllung angegebenen Zutaten mit den Kürbiswürfeln vermengen und die Kürbisse damit füllen. 4 ausreichend große Stücke Alufolie fetten. Die Kürbisse darauf setzen. Für die Gemüsesauce Zwiebel, Möhre, Tomatenfruchtfleisch, Tomatenmark und Bratfond vermengen. Die Kürbisse damit umgießen. Die Kürbisse samt der Gemüsesauce in der Alufolie verschließen und in eine Auflaufform setzen. Etwas Wasser angießen. 10–15 Minuten im auf 200 °C vorgeheizten Ofen garen.
Inzwischen die Butter bräunen. Kürbisse auswickeln und auf kleine Teller setzen. Mit der Gemüsesauce umgießen und mit brauner Butter beträufeln.

# Kürbispuffer mit Lachs

300 g Kartoffeln, 400 g Kürbisfleisch, 2 Eier, Salz, Pfeffer, 3 EL Paniermehl, 4 EL Haferflocken (oder 80 g Mehl), 2 EL gehackte Kürbiskerne, 4 EL gehackte Petersilie (oder Schnittlauchröllchen), etwas Öl, 8 Scheiben geräucherter Lachs, 4 Salatblätter, 1 Becher Kräuter-Crème-fraîche

Die Kartoffeln schälen und wie das Kürbisfleisch grob raspeln. Eier, Salz und Pfeffer, Paniermehl und Haferflocken (oder Mehl) gut damit vermischen. Ebenso die Kürbiskerne und Kräuter unter die Masse mengen. Das Öl in einer Pfanne erhitzen. Darin aus der Masse nacheinander kleine, goldgelbe Plätzchen ausbacken. Die Salatblätter waschen und trockenschleudern. Auf Teller legen, die Lachsscheiben darauf platzieren und die Kürbispuffer daneben anrichten. Kräuter-Crème-fraîche separat dazu reichen.

Tipp: 2 Zwiebeln abziehen und in dünne Scheiben schneiden. Wenn die untere Seite der Plätzchen gebraten ist, je eine Zwiebelscheibe in die weiche obere Seite drücken. Umdrehen und fertig braten!

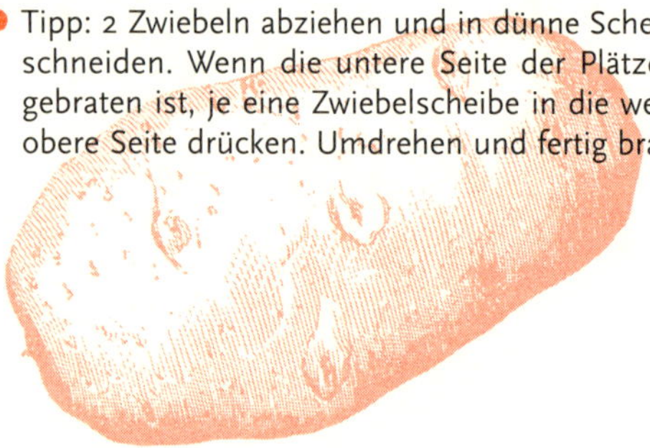

# Kleine Kürbisquiches

Für 6 Personen
500 g Blätterteig, 4 EL Zwiebelwürfel,
3 EL gewürfelter gekochter Schinken,
500 g gekochte kleine Kürbiswürfel, 40 g Butter,
3 Eier, 1/8 l Sahne, Salz, schwarzer Pfeffer,
1 EL gehackte frische Petersilie

Den Blätterteig in 6 gleich große Teile schneiden. 6 kleine Quicheförmchen mit Wasser benetzen. Den Blätterteig passend für die Förmchen ausrollen und diese damit auslegen. Den Rand festdrücken und den überstehenden Teig abschneiden. Zwiebel-, Schinken- und Kürbiswürfel kurz in der Butter anschwitzen. Die Eier mit der Sahne verquirlen, mit Salz, Pfeffer und gehackter Petersilie würzen. Die Eier-Sahne-Mischung mit den abgekühlten Zutaten aus der Pfanne vermengen. In die Törtchen füllen. Im auf 180 °C vorgeheizten Ofen 20–30 Minuten backen. Stäbchenprobe machen: Die Eimasse muss gestockt, die Oberfläche hellbraun sein. Sofort servieren.

- Die Quiches lassen sich auf Vorrat backen und einfrieren. Tiefgekühlt halten sie sich 2–3 Monate. Aufgebacken schmecken sie fast genauso gut wie frisch zubereitet.
- Anstelle von kleinen Quiches als Vorspeise können Sie auch einen großen Kuchen in einer Quicheform (26 Zentimeter Durchmesser) backen und als leichtes Hauptgericht für 4 Personen servieren.

## Kürbissalat mit Kürbiskernöl

500 g Kürbisfleisch, Salz,
3 EL Kürbiskernöl, 1 EL Weißweinessig,
Pfeffer, 1 Prise Zucker,
1 gewürfelte Zwiebel, 1 gehackte Knoblauchzehe,
1 EL Dillspitzen oder gehackte Salbeiblättchen

Das Kürbisfleisch in Streifen oder Würfel schneiden und in Salzwasser bissfest garen. In einem Sieb abtropfen lassen. Aus Öl, Essig, 2 Esslöffeln Wasser, Gewürzen, Zwiebel, Knoblauch und Kräutern eine Marinade herstellen und über den lauwarmen Kürbis gießen. Gut durchziehen lassen.

- Zusätzlich 2 gewürfelte Tomaten oder 1 in Streifen geschnittenen Apfel unter die Zutaten heben.

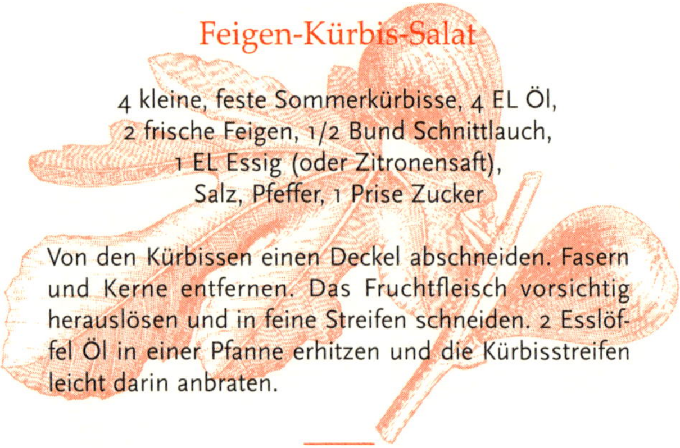

## Feigen-Kürbis-Salat

4 kleine, feste Sommerkürbisse, 4 EL Öl,
2 frische Feigen, 1/2 Bund Schnittlauch,
1 EL Essig (oder Zitronensaft),
Salz, Pfeffer, 1 Prise Zucker

Von den Kürbissen einen Deckel abschneiden. Fasern und Kerne entfernen. Das Fruchtfleisch vorsichtig herauslösen und in feine Streifen schneiden. 2 Esslöffel Öl in einer Pfanne erhitzen und die Kürbisstreifen leicht darin anbraten.

Die Feigen waschen, vierteln und in dünne Scheiben schneiden. Den Schnittlauch abbrausen, trockentupfen und in feine Röllchen schneiden.
Restliches Öl, Essig (oder Zitronensaft), 2 Esslöffel Wasser, Salz, Pfeffer und Zucker zu einer Sauce verrühren und den Kürbis darin kurz zum Kochen bringen. Abkühlen lassen. Die Feigen untermischen, den Salat in die Kürbisschalen füllen.

- Lauwarm zu kurz gebratenem Fleisch oder Backfisch servieren.

## Kürbissalat mit Rhabarbersauce

500 g Kürbisfleisch, 500 g Äpfel (Boskop), Salz, 1 EL Zitronensaft, 1 EL Rhabarbersaft, 1 EL Honig, 100 ml geschlagene Sahne (oder schaumig aufgeschlagene Buttermilch), 1 EL gehackte Nüsse (oder Kürbiskerne ohne Schale), 50 g Rosinen

Kürbisfleisch sowie geschälte und geputzte Äpfel fein raspeln. Leicht salzen und zugedeckt durchziehen lassen (falls die Mischung zu viel Wasser zieht, etwas davon abgießen).
Danach aus Zitronen-, Rhabarbersaft, 1 Esslöffel Wasser, Honig, Sahne (oder Buttermilch), Nüssen (oder Kürbiskernen) sowie Rosinen eine Sauce rühren und mit der Kürbis-Apfel-Mischung vermengen.

# Suppen und Eintöpfe

# Einfache Kürbissuppe

Dieses Grundrezept für eine cremige Suppe kann beliebig abgeändert werden. So können Sie etwa Fleisch, anderes Gemüse oder verschiedene Gewürze zufügen. Lassen Sie Ihrer Kreativität freien Lauf!

Für 6 Personen
1 Winterkürbis (etwa 1 1/2 kg), Salz, 2 mittelgroße Zwiebeln, 1 EL Butter, 1 EL Mehl, 1 1/2 l Hühnerbrühe, je 1/2 TL geriebene Muskatnuss und Ingwerpulver, frisch gemahlener Pfeffer, 125 g Crème fraîche

Von dem Kürbis einen Deckel abschneiden und beiseite legen. Den Kürbis vorsichtig aushöhlen, ohne die Schale zu verletzen. Das Fleisch entfasern, entkernen und in Würfel schneiden. Ca. 20 Minuten in Salzwasser gar kochen. Danach aus dem Wasser heben und pürieren. 500 Gramm von dem Kürbispüree abwiegen (den Rest anderweitig verwenden oder einfrieren).
Die Zwiebeln schälen und fein würfeln. Die Butter in einem Topf erhitzen, die Zwiebeln leicht darin anschwitzen und mit Mehl bestäuben. Umrühren und mit der Hühnerbrühe ablöschen. Das Kürbispüree untermischen. Mit Muskat und Ingwer würzen und etwas abkühlen lassen.
Inzwischen die Kürbisschale mit heißem Wasser füllen. Die Suppe mit dem Mixstab schaumig schlagen und erneut erhitzen. Das Wasser aus der Schale gießen und die Suppe einfüllen. Mit Pfeffer würzen, mit Crème-fraîche-Tupfen dekorieren und im Kürbis servieren.

# Feine Kürbissuppe

200 g Petersilienwurzeln (oder Möhren), 600 g Kürbisfleisch (Moschuskürbis), 1 Zwiebel, 1 Stück frische Ingwerwurzel, 2 Knoblauchzehen, 2 EL Butterschmalz, 1 1/2 l Gemüse- oder Hühnerbrühe, Salz, Pfeffer, je 2 EL Dillspitzen und gehackte Petersilie oder Schnittlauch, 4 EL geschlagene Sahne, 2 EL geröstete Kürbiskerne

Die Petersilienwurzeln (oder Möhren) putzen und mit dem Kürbisfleisch in feine Stifte schneiden. Zwiebel, Ingwer und Knoblauch schälen und fein würfeln. Butterschmalz in einem großen Topf zerlassen. Alle vorbereiteten Zutaten darin kurz andünsten. Mit der Brühe ablöschen, mit Salz sowie Pfeffer würzen und 10 Minuten kochen lassen. Die Kräuter unterrühren. Die heiße Suppe in Teller füllen, einen Sahneklecks darauf setzen und mit einigen Kürbiskernen (ganz oder gehackt) bestreuen.

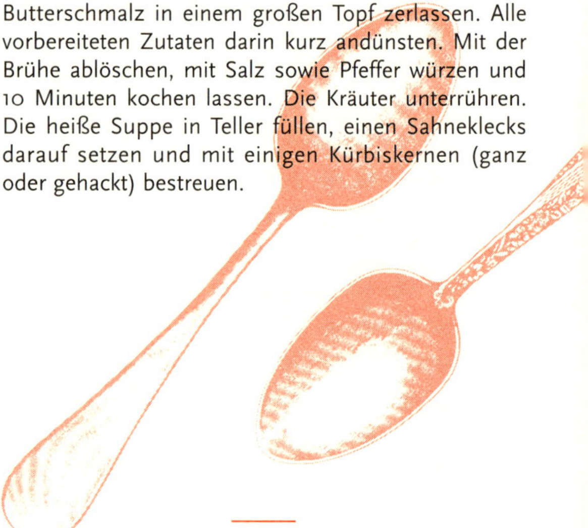

# Apfel-Kürbis-Cremesuppe

1 kg Kürbis (Moschuskürbis), 200 g Kartoffeln,
1 großer Apfel (Boskop), 1 Zwiebel, 40 g Butter,
3/4 l Gemüse- oder Hühnerbrühe,
1/4 l Apfelsaft (oder Apfelwein),
1 Msp. Zimtpulver, 1/2 TL Curry,
1/2 Piment, 1/2 Ingwerpulver, Salz, Pfeffer,
1/2 TL Balsamico-Essig, 1/2 TL Sojasauce,
125 g Crème fraîche, 2 EL Mandelblättchen

Den Kürbis schälen, die Fasern und Kerne entfernen. Das Fruchtfleisch würfeln. Die Kartoffeln schälen und ebenfalls würfeln. Den Apfel schälen, vierteln und entkernen. Die Zwiebel schälen und würfeln.
Die Butter in einem Topf zerlassen und Kürbis-, Kartoffel- und Zwiebelwürfel sowie den Apfel darin kurz andünsten. Mit der Brühe ablöschen, aufkochen und die Suppe 15 Minuten garen. Danach den Apfelsaft (oder Apfelwein) hinzufügen und mit Zimt, Curry, Piment, Ingwer, Salz sowie Pfeffer würzen. Die Suppe pürieren, mit Essig und Sojasauce abschmecken und mit Crème fraîche verfeinern. Die Mandelblättchen in einer Pfanne ohne Zugabe von Fett rösten und über die heiße Suppe streuen.

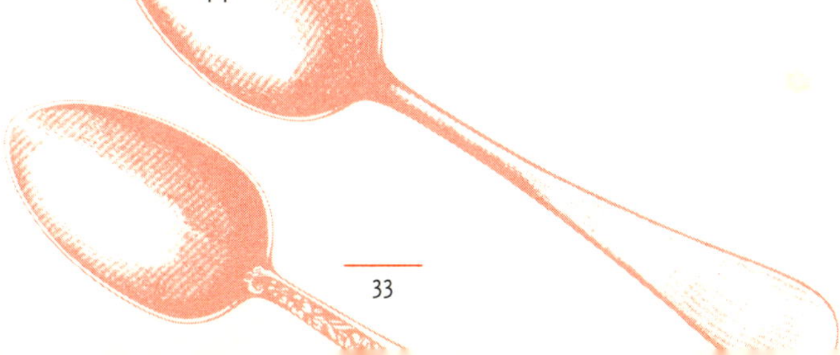

# Kürbis-Kokos-Suppe

4 kleine Kürbisse (z.B. Patissons oder Jack Be Little),
1 Zwiebel, 1 große Kartoffel, 2 Knoblauchzehen,
1 Stück frische Ingwerwurzel, 20 g Butter,
400 ml ungesüßte Kokosmilch aus der Dose,
je 1/4 TL gemahlene Chilischoten und geriebene
Muskatnuss, je 1 Zweig Thymian und Petersilie,
1 Lorbeerblatt, 1/8 l Sahne, Salz, Pfeffer

Von den Kürbissen am Stielende je einen kleinen Deckel abschneiden. Die Früchte vorsichtig aushöhlen, ohne die Schale zu verletzen, Kerne und Fasern entfernen. Die Schalen mit heißem Wasser füllen. Zwiebel sowie Kartoffeln schälen und würfeln. Knoblauch und Ingwer schälen und hacken. Die Butter in einem Topf erhitzen und Kürbis, Zwiebel, Kartoffel, Knoblauch und Ingwer darin anschwitzen. Das Gemüse mit der Kokosmilch und etwa 1 Liter Wasser ablöschen. Mit Chili, Muskat, Thymian, Petersilie und Lorbeerblatt würzen. 20 Minuten kochen lassen. Kräuter entfernen und die Suppe pürieren. Bei Bedarf noch etwas Wasser zufügen. Mit der Sahne verfeinern und mit Salz sowie Pfeffer würzen. Das Wasser aus den Kürbisschalen schütten und die heiße Suppe einfüllen.

Dazu passen Zimtcroûtons: 2 Scheiben Weißbrot ohne Rinde etwa 1 Zentimeter groß würfeln und in zerlassener Butter goldbraun anrösten. 1 Messerspitze Zimt und 1 Prise Salz darüber streuen und nochmals durchschwenken.

# Feurige Kürbissuppe

600 g festes Kürbisfleisch, 1 Zwiebel,
1 Stange Lauch, 1 Stück frische Ingwerwurzel,
1 1/2 l Hühnerbrühe, 1 grüne Chilischote,
1 getrocknete rote Chilischote,
1 kleiner Becher Joghurt, Salz,
4–6 zerstoßene grüne Pfefferkörner,
2 Spritzer Tabasco, 1/2 Bund Petersilie,
gehackte Petersilie oder roter Pfeffer zum Garnieren

Das Kürbisfleisch würfeln. Zwiebel, Lauch und Ingwer putzen, die Zwiebel in Würfel, den Lauch in Ringe und den Ingwer in kleine Stücke schneiden. Die Kürbiswürfel 20 Minuten in der Brühe garen. Danach das übrige Gemüse zufügen und weitere 10–20 Minuten kochen lassen. Die grüne Chilischote in feine Ringe schneiden, dabei die Kerne entfernen. Die rote Chilischote fein zerstoßen. Beides kurz mitkochen.
Die Suppe leicht abkühlen lassen, dann pürieren, dabei den Joghurt zufügen. Mit Salz, grünem Pfeffer und Tabasco würzen. Petersilie abbrausen, trockentupfen, hacken und einstreuen.
Die Suppe kann heiß oder kalt gegessen werden. Sie wird vor dem Servieren nochmals scharf abgeschmeckt und nach Belieben mit Petersilie oder roten Pfefferkörnern bestreut.

## Klare Fischsuppe mit Kürbis

Für diese Suppe eignet sich Seeteufel am besten. Er ist besonders schmackhaft und hat ein festes Fleisch, das nicht so schnell zerfällt wie das von Kabeljau oder Rotbarsch.

500 g Kürbisfleisch (Winterkürbis),
1/2 Fenchelknolle, 1 1/2 l Gemüsebrühe,
Salz, Pfeffer, 500 g Seeteufel, 1/2 l Milch,
40 g Butter, Fenchelgrün

Das Kürbisfleisch fein würfeln. Den Fenchel putzen und in dünne Streifen schneiden. Das Gemüse in der Brühe zum Kochen bringen und 15 Minuten garen. Mit Salz und Pfeffer würzen.
Den Fisch waschen, trockentupfen und in mundgerechte Stücke schneiden. In einem Topf mit heißer Milch übergießen und bei geringer Hitze 10 Minuten pochieren. Herausnehmen und die Gräten mit einer Pinzette entfernen. Vorsicht: Der Fisch darf nicht ganz gar sein, denn er trocknet rasch aus.
Die Suppe erneut zum Kochen bringen und vom Herd nehmen. Den Seeteufel in die Suppe einlegen. Mit Butterflöckchen und gehacktem Fenchelgrün garnieren und servieren.

Sie können diese Fischsuppe zusätzlich mit Muscheln und/oder Garnelen anreichern.

## Linsensuppe mit Kürbiskernen

350 g Zwiebeln, 500 g Kartoffeln,
40 g Butter, 2 EL Kürbiskernöl, 350 g Linsen,
1 1/2 l Gemüsebrühe, Pfeffer, 1 TL gemahlener
Koriander, 1/2 Bund Thymian, 125 g Crème fraîche,
Salz, 150 g Kürbiskerne ohne Schale,
4 EL gehackte Petersilie

Die Zwiebeln schälen und grob würfeln. Die Kartoffeln ebenfalls schälen und ganz klein würfeln. Butter und Öl in einer Pfanne erhitzen und Zwiebeln sowie Linsen darin anschwitzen. Die Kartoffeln zufügen und ebenfalls mitdünsten. Mit der Brühe ablöschen und mit Pfeffer, Koriander sowie Thymian würzen. 45–50 Minuten köcheln lassen. Danach grob stampfen. Je 1 Esslöffel Crème fraîche auf 4 Teller setzen. Die restliche Crème fraîche unter die Suppe rühren. Mit Salz und Pfeffer würzen.
Die Kürbiskerne ohne Zugabe von Fett in der Pfanne rösten. Die Suppe auf die Teller verteilen. Mit Kürbiskernen und Petersilie bestreuen.

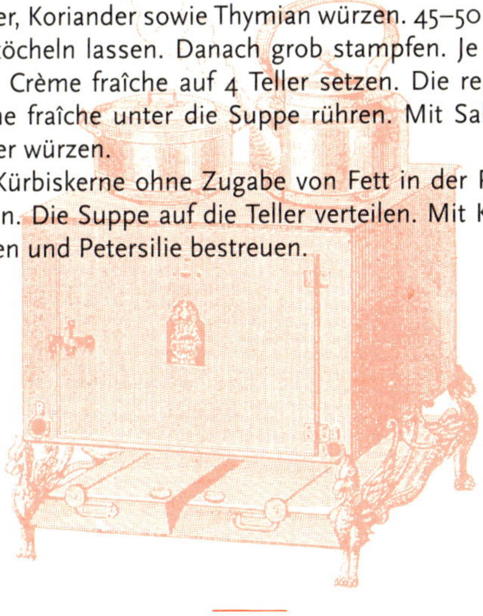

# Hühncheneintopf

1 Poularde (ca. 1 kg), 500 g Suppenfleisch vom Rind (z.B. Beinscheibe), Salz, 1 Zwiebel, 1 Stange Lauch, 1/4 Sellerieknolle, 500 g Kartoffeln, 500 g Kürbisfleisch, Pfeffer, 1 klein gehackte Chilischote, 500 g kleine, feste Tomaten, 2 Maiskolben, 100 g gepalte Erbsen, 1 Bund Schnittlauch, 2–3 Stängel Petersilie

Die Poularde und das Suppenfleisch mit Salzwasser bedecken, zum Kochen bringen und 1 Stunde garen. Inzwischen Zwiebel, Lauch, Sellerie sowie Kartoffeln putzen und mit dem Kürbisfleisch in Würfel schneiden. Zwiebeln, Lauch und Sellerie in den Topf einlegen und 10 Minuten mitgaren. Dann die Kartoffel- und Kürbiswürfel zufügen und ebenfalls 15 Minuten mitkochen lassen. Das Gemüse mit Salz, Pfeffer und der Chilischote würzen.

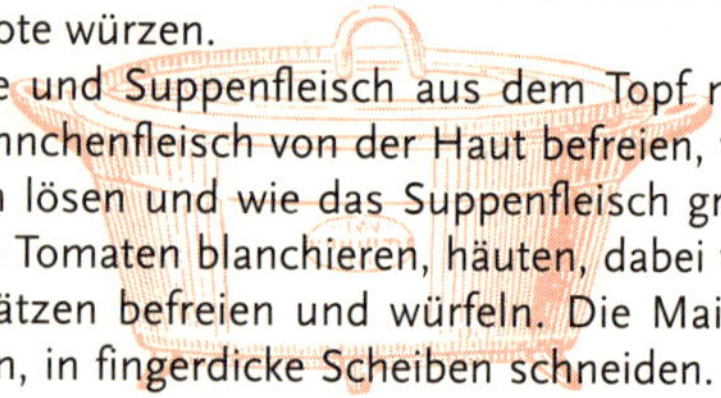

Poularde und Suppenfleisch aus dem Topf nehmen. Das Hühnchenfleisch von der Haut befreien, von den Knochen lösen und wie das Suppenfleisch grob würfeln. Die Tomaten blanchieren, häuten, dabei von den Stielansätzen befreien und würfeln. Die Maiskolben entfasern, in fingerdicke Scheiben schneiden. Fleisch, Tomaten, Mais und Erbsen in den Topf einlegen. Die Suppe abschmecken und einige Minuten kochen lassen. Schnittlauch und Petersilie abbrausen, trockentupfen, fein hacken und über den Eintopf streuen.

# Kürbiseintopf mit Grießklößchen

500 g Kürbisfleisch, 20 g Butter, Salz, Pfeffer,
2 EL Crème fraîche, 100 g Hartweizengrieß, 1 Ei,
Cayennepfeffer, 250 g Kartoffeln (fest kochend),
250 g Lauch, 500 g Zucchini,
400 g geräucherte Mettwürstchen mit Knoblauch,
2 EL Öl, 1 l Gemüsebrühe, 1 Zweig Basilikum

Das Kürbisfleisch klein würfeln. Butter in einem Topf erhitzen, den Kürbis darin 10 Minuten anschwitzen, salzen und pfeffern. Die Hälfte davon abnehmen und beiseite stellen. Die andere Hälfte pürieren und mit Crème fraîche aufkochen. Den Grieß auf einmal hineinschütten, umrühren und zu einem Kloß ausquellen lassen. Den Topf vom Herd nehmen und das Ei unterrühren. Die Masse mit Salz und Cayennepfeffer würzen. Abkühlen lassen.

Inzwischen Kartoffeln, Lauch und Zucchini putzen. Kartoffeln schälen und würfeln. Lauch in Ringe schneiden. Zucchini längs vierteln und grob würfeln. Die Mettwürstchen in Scheiben schneiden.

Das Öl in einem zweiten Topf erhitzen und Gemüse sowie Würstchen darin anschwitzen. Mit der Brühe ablöschen und 10 Minuten kochen lassen. Die restlichen Kürbiswürfel untermischen, würzen.

Aus der Grießmasse Klößchen abstechen. In siedendem Salzwasser in 5–8 Minuten gar ziehen lassen. Suppe nochmals erhitzen und die Grießklößchen einlegen. Gewaschene Basilikumblättchen abzupfen, in Streifen schneiden und die Suppe damit garnieren.

# Gemüsegerichte

# Kürbispüree

In einem Kochlexikon von 1911 fand ich das folgende Rezept mit dem Vermerk: „Nur für Leute mit sehr gesunder Verdauung geeignet“. Ich zitiere: „Man schneidet den Kürbis in Stücke, entfernt die Kerne und Fasern sowie die äußere Schale, zerteilt die Stücke in große Würfel, kocht dieselben eine Viertelstunde in siedendem Wasser, nimmt sie mit dem Schaumlöffel heraus, stampft oder rührt sie zu Brei, streicht ihn durch ein Sieb, kocht ihn auf, würzt ihn mit Butter, Salz, Pfeffer und gehackter Zitronenschale und isst ihn mit brauner Butter.“ Hier ist eine zeitgenössische Variante des Grundrezepts:

500 g Kürbisfleisch, Salz

Das Kürbisfleisch würfeln. Mit Salzwasser bedecken und in etwa 20 Minuten weich kochen. Die Würfel herausheben, in einem Sieb gut abtropfen lassen, zurück in den Topf geben und mit dem Mixstab fein pürieren.

- Ist das Püree zu fest, glätten Sie es mit etwas Kochsud. Es schmeckt zu Frikadellen, Schnitzeln, Bratwürsten und geräucherten Forellenfilets.
- Wenn Sie das Püree auf Vorrat kochen möchten, frieren Sie es am besten portionsweise in Dosen ein. Obenauf etwas Zitronensaft geben, damit sich der Kürbis nicht verfärbt.
- Kochen Sie Äpfel mit und würzen Sie das Püree zusätzlich mit Zimt.

# Kürbismus

Das pikante Mus kann man frisch zubereitet als Beilage zu Braten servieren oder, mit Gelierzucker gekocht und in Gläser gefüllt, fest verschlossen einige Monate aufbewahren und als Beilage oder Dessert reichen.

1 kg Kürbisfleisch, 500 g Zucker oder
Gelierzucker 2:1 (zur Haltbarmachung),
15 g frische Ingwerwurzel, 1/4 TL Cayennepfeffer,
abgeriebene Schale von 1 unbehandelten Orange,
1 Msp. Nelkenpulver, 1 Msp. Zimtpulver,
Sherry oder Amaretto nach Belieben

Das Kürbisfleisch würfeln und in ganz wenig Wasser mit allen übrigen angegebenen Zutaten 20 Minuten kochen. Sollte sich zu viel Saft bilden, etwas davon abschöpfen (und zur Sicherheit auffangen). Den Kürbis zu Mus zerstampfen. Sollte der Brei zu fest sein, kann man ihn mit etwas abgeschöpftem Kochwasser, mit Sherry oder Amaretto geschmeidig rühren.
Möchten Sie das Kürbismus einwecken, füllen Sie es heiß in Twist-off-Gläser und verschließen es fest. Kühl und dunkel lagern.

- Kocht man das Gericht für Kinder, den Likör durch Orangensaft ersetzen.

# Einfaches Kürbisgemüse

1 kg Kürbisfleisch (z.B. Hokkaido), 2 Zwiebeln, 2 EL Olivenöl, Salz, Pfeffer, Paprikapulver, 1 TL Kreuzkümmel, 2 EL Apfelessig, 2 TL Honig

Das Kürbisfleisch würfeln. Die Zwiebeln schälen und ebenfalls würfeln. Das Öl in einer Pfanne erhitzen, Kürbis- und Zwiebelwürfel darin anbraten. Den Deckel auflegen und bei geschlossenem Topf im eigenen Saft garen. Kräftig mit Salz, Pfeffer, Paprika, Kreuzkümmel, Essig und Honig würzen.

- Mit 1/8 Liter saurer Sahne, 1 Esslöffel Dillspitzen und 1 Esslöffel gehackter Petersilie verfeinert, passt das Gemüse besonders gut zu Hühnchen oder Rebhuhn.

# Kürbis-Pilz-Gratin

250 g frische Pilze (z.B. Champignons, Pfifferlinge oder Steinpilze), 3–4 Lauchzwiebeln, 2–3 Knoblauchzehen, 1 kg Kürbis (z.B. Gelber Zentner), 400 g Tomaten, Butter für die Form, 2 EL Öl, Salz, Pfeffer, 1 EL gehackte Petersilie, 1 EL gehackter Rosmarin, 100 g geriebener herzhafter Käse (z.B. mittelalter Gouda oder Gruyère), 50 g Kürbiskerne ohne Schale, 3 EL Butter

Pilze, Lauchzwiebeln und Knoblauch schälen bzw. putzen und in Scheiben schneiden. Kürbis schälen, entfasern und entkernen. Fruchtfleisch in Spalten und dann in Scheiben schneiden. Tomaten von den Stielansätzen befreien und ebenfalls in Scheiben schneiden. Eine Auflaufform mit Butter einfetten.

Das Öl in einer Pfanne erhitzen und Pilze, Lauchzwiebeln sowie Knoblauch darin kurz anschwitzen. Mit dem Kürbis und den Tomaten lagenweise in die Form schichten. Jede Lage mit Salz und Pfeffer würzen. Die oberste Schicht zuerst mit Petersilie sowie Rosmarin und dann mit dem Käse bestreuen. Die Kürbiskerne hacken und darüber streuen. Die Butter in Flöckchen obenauf setzen. Im auf 225 °C vorgeheizten Ofen 30 Minuten backen.

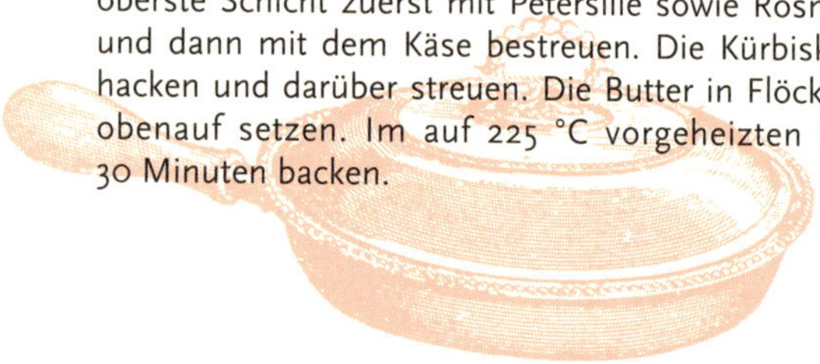

# Kürbisrisotto

1 Zwiebel, 400 g Kürbisfleisch, 1 EL Öl,
300 g Risottoreis, 1/8 l Weißwein,
3/4 l Gemüse- oder Fleischbrühe,
100 g geräucherter Schinken in Scheiben,
100 g geriebener herzhafter Käse
(z.B. alter Gouda oder Parmesan),
5 EL Zitronensaft

Die Zwiebel schälen und wie das Kürbisfleisch fein würfeln. Das Öl erhitzen und die Zwiebel darin kurz anschwitzen. Den Reis zugeben und kurz mitschwitzen. Wein zugießen und einkochen lassen. Den Reis 12–15 Minuten garen, dabei jeweils so viel Brühe angießen, dass er knapp bedeckt ist. Immer wieder umrühren. 5–7 Minuten vor Ende der Garzeit das Kürbisfleisch zugeben und mitkochen lassen.
Den Schinken in mundgerechte Stücke zupfen und mit dem geriebenen Käse vermischen. Risotto mit Zitronensaft abschmecken. Auf Teller verteilen und den Reis mit dem Schinken-Käse-Gemisch bestreuen.

Neben dem Kürbis kann man auch junge Erbsen und Kräuter verwenden. Will man den Risotto Vegetariern servieren, kann man selbstverständlich den Schinken weglassen.

# Fleischgerichte

# Gefüllte Patissons

Die Patissons sind auch unter dem Namen „Bischofsmützen" bekannt. Mit ihrer flachen, runden Form sehen sie wie kleine Ufos aus. Ihre Schalen werden mitgegart und mitgegessen.

4 kleine Patissons, 1/2 l Gemüse- oder Fleischbrühe,
1 Zwiebel, 1 Knoblauchzehe, 40 g Butter,
500 g Hackfleisch vom Rind, 3 EL gehackte Petersilie,
2 EL Tomatenmark, Salz, Pfeffer,
Paprikapulver, 4 EL Rotwein, 1 TL Zitronensaft

Von den Kürbissen am Stielende jeweils einen Deckel abschneiden. Fasern und Kerne entfernen. Das Fruchtfleisch vorsichtig herauslösen, ohne dabei die Schalen zu verletzen, und beiseite stellen. Die Brühe zum Kochen bringen und die Kürbisschalen darin 10 Minuten garen, herausnehmen und in eine Auflaufform setzen. Den Kochsud beiseite stellen.
Zwiebel und Knoblauch schälen und fein würfeln. Die Butter in einer Pfanne erhitzen, Zwiebel, Knoblauch, Hackfleisch, Petersilie und Tomatenmark darin anbraten. Mit Salz, Pfeffer sowie Paprika würzen und mit Rotwein sowie Zitronensaft ablöschen. Das Kürbisfleisch ganz klein würfeln und untermengen.
Die Mischung in die Kürbisschalen füllen. Den Kochsud in die Form gießen. Kürbisse im auf 225 °C vorgeheizten Ofen 20 Minuten garen. Nach 10 Minuten mit Alufolie abdecken. Dazu passt ein Risotto sehr gut.

# Gefüllter Kürbis

150 g Sellerie, 2 Zwiebeln, 200 g Champignons,
1 EL Butter, 500 g Hackfleisch nach Belieben,
2 TL Sojasauce, 2 TL brauner Zucker,
1 EL frischer Thymian (oder 1 TL getrockneter),
1 kleine Dose Champignon-Rahmsuppe,
200 g gekochter Reis, 1 mittelgroßer Flaschenkürbis

Sellerie sowie Zwiebeln schälen und klein würfeln. Die Champignons putzen und blättrig schneiden oder hacken. Die Butter in einer Pfanne zerlassen und Sellerie, Zwiebeln sowie Champignons darin anschwitzen, bis die austretende Flüssigkeit verdampft ist. In eine Schüssel umfüllen.
Im verbliebenen Bratöl das Hackfleisch braun anbraten, überschüssiges Fett abschöpfen. Das Fleisch herausnehmen und mit dem Gemüse in der Schüssel vermischen. Sojasauce, Zucker, Thymian, Rahmsuppe und gekochten Reis untermengen.
Von dem Kürbis der Länge nach einen Deckel abschneiden. Kerne und Fasern sorgfältig entfernen. Die Gemüse-Hackfleisch-Mischung hineinfüllen und den Deckel auflegen.
In den auf 175 °C vorgeheizten Ofen schieben und etwa 1 Stunde garen. Dann den Deckel abheben. Das Gericht im Kürbis servieren oder die Füllung auf einem separaten Teller reichen.

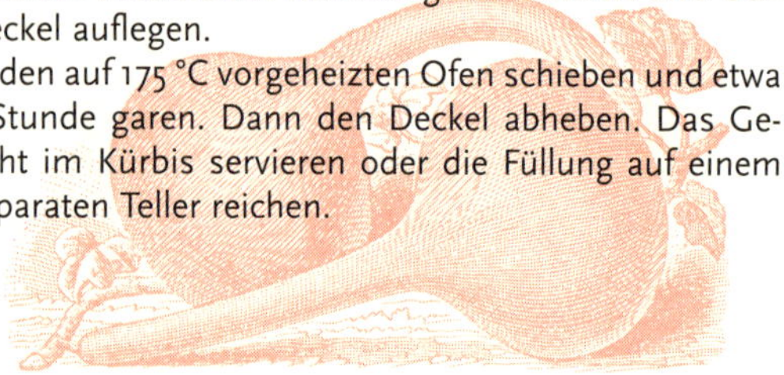

# Indischer Kürbistopf

Für 4–6 Personen
1 kg Lammfleisch (aus der Keule oder Schulter), 2 Zwiebeln, 2 Knoblauchzehen, 2 EL Öl, Salz, gestoßener Pfeffer, 1 TL frisch geriebene Ingwerwurzel, 1 TL Chilipulver, 1/2 TL Kardamom, 2 Zimtstangen, 1/8 l Fleischbrühe, 1/8 l Weißwein, 1 kg Kürbisfleisch, je 30 g Mandeln, Pistazien, geschälte Kürbiskerne und Rosinen

Das Lammfleisch in Würfel schneiden. Zwiebeln und Knoblauch schälen und fein hacken. Das Öl in einer Pfanne erhitzen und das Fleisch darin anbraten. In den letzten Minuten Zwiebeln und Knoblauch zugeben und mitbraten. Mit Salz, Pfeffer, Ingwer, Chilipulver, Kardamom sowie Zimt würzen und mit Brühe sowie Wein ablöschen. 45–60 Minuten schmoren lassen. Danach das Kürbisfleisch würfeln und untermengen. Mandeln, Pistazien, Kürbiskerne und Rosinen vermischen und über das Gericht streuen. Den Eintopf nochmals 10–15 Minuten kochen lassen. Vorsicht: Der Kürbis darf nicht zerfallen.
Es ist wichtig, dass das Fleischgericht scharf abgeschmeckt wird. Evtl. mit Chilipulver und Ingwer nachwürzen. Die Zimtstangen zum Schluss entfernen.

- Am besten serviert man das Gericht mit Safranreis und frischem, kräftigem Rotwein.
- Um die süße Note zu verstärken, kann man nach Belieben die Menge der Rosinen erhöhen.

# Kürbis und Schweinefleisch aus dem Wok

Dieses Gericht ist Teil der traditionellen chinesischen Reistafel. Es wird am Tisch im Wok zubereitet. Jeder Gast darf beim Zubereiten mithelfen. So wird das Essen zu einem Ereignis!

150 g Bauchspeck, 1 Zwiebel,
500 g Kürbisfleisch, 1/4 l Hühnerbrühe,
500 g Schweinefleisch (aus der Schulter),
1/2 TL gemahlener Kreuzkümmel, Salz, Pfeffer

Den Bauchspeck in Würfel schneiden. Zwiebel schälen und in Ringe schneiden. Das Kürbisfleisch in Scheiben schneiden. Speck und Zwiebel im Wok anbraten. Kürbisscheiben dazugeben und kurz mitbraten. Mit etwas Brühe ablöschen und köcheln lassen, bis der Kürbis weich ist. Herausnehmen und beiseite stellen.
Das Fleisch in Streifen schneiden. Mit einer Mischung aus Kreuzkümmel, Salz und Pfeffer einreiben. Mit der restlichen Brühe in den Wok geben und 10 Minuten köcheln lassen. Das Gemüse wieder untermengen.

Noch besser schmeckt das Gericht, wenn Sie es zum Schluss mit gerösteten Kürbiskernen bestreuen oder diese separat dazu servieren.

# Geflügelcurry mit Kürbis

500 g Puten- oder Hähnchenbrust,
1 EL Butterschmalz, Salz, 2 TL Curry,
1/4 l Hühnerbrühe, 1 Stange Lauch,
1 großer Apfel (Boskop),
1/8 l Apfelwein (oder Apfelsaft),
Schale von 1 unbehandelten Zitrone,
1 EL Speisestärke, 1 Becher saure Sahne,
500 g gekochte Kürbiswürfel,
500 g gekochte Kartoffelwürfel

Das Geflügelfleisch in Streifen schneiden. Das Butterschmalz in einer Pfanne erhitzen und das Fleisch darin hell anbraten. Mit Salz und Curry würzen, kurz weiterbraten. Mit der Hühnerbrühe ablöschen. 5 Minuten kochen lassen.
Inzwischen den Lauch putzen und in Ringe schneiden. Den Apfel schälen, vom Kerngehäuse befreien und in Würfel schneiden. Lauch und Apfel zum Fleisch geben und kurz mitgaren, dann den Apfelwein (oder Apfelsaft) angießen und die Zitronenschale zufügen.
Die Speisestärke mit der sauren Sahne anrühren und unter den Eintopf mischen, weiterkochen lassen. Zum Schluss die gegarten Kürbis- und Kartoffelwürfel hinzufügen und das Gericht recht heiß servieren.

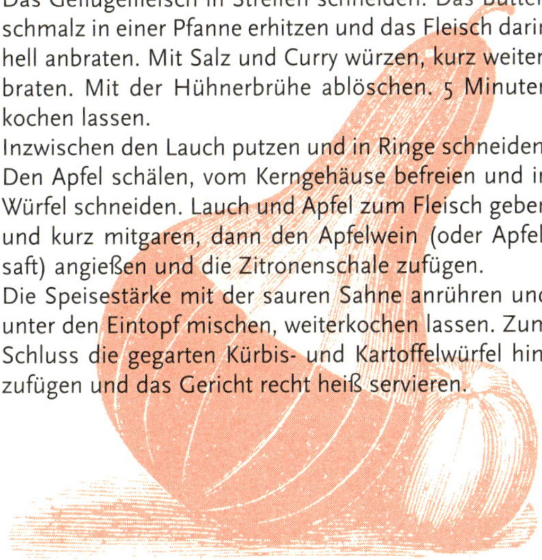

# Saucen

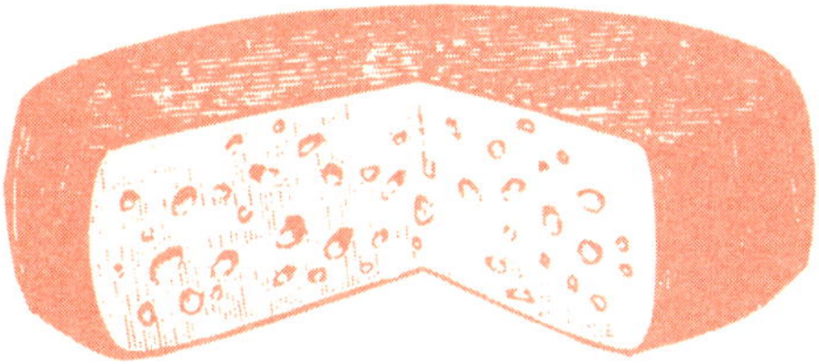

# Käse-Kürbis-Sauce

300 g Kürbisfleisch, 4 EL Weißwein,
1 EL Zucker, 1/2 Zimtstange,
150 g geriebener Käse (z.B. Emmentaler oder Gouda),
200 ml Sahne, Salz, Pfeffer,
50 g Kürbiskerne ohne Schale,
1 EL Kürbiskernöl

Das Kürbisfleisch in kleine Stücke schneiden. Mit Weißwein, Zucker und Zimt weich kochen. Danach die Zimtstange entfernen und den Kürbis pürieren. Den geriebenen Käse und die Sahne untermischen. Mit Salz und Pfeffer würzen. Die Kürbiskerne hacken und in dem Kürbiskernöl mit etwas Salz rösten. In die Sauce einrühren und servieren.

● Diese Sauce schmeckt wunderbar zu Spaghetti.

# Tomatensauce mit Kürbiskernen

400 g Tomaten, 2 Zwiebeln,
6 eingelegte Gewürzpaprika,
100 g geröstete, gesalzene Kürbiskerne,
6 getrocknete Chilischoten,
1 1/2 TL gemahlener Koriander,
1/2 TL fein gehackter Knoblauch,
2 EL gehackte Petersilie, 1 EL Öl,
1 1/2 TL Salz, 1/2 TL schwarzer Pfeffer

Die Tomaten blanchieren, häuten und vom Stielansatz befreien. Die Zwiebeln schälen und würfeln. Gewürzpaprika halbieren und von den Kernen befreien. Kürbiskerne im Mixer zu Pulver zermahlen. Tomaten, Zwiebeln und Paprika mit Chilischoten, Koriander, Knoblauch und Petersilie im Mixer pürieren und in eine Schüssel füllen.
Das Öl in einem Topf erhitzen, die pürierten und gemahlenen Zutaten unter Rühren darin sämig einkochen lassen, mit Salz und Pfeffer würzen.

- Diese Sauce passt zusammen mit Reis besonders gut zu gedünsteten Hummerkrabben.

## Kürbiskernpesto

1 Knoblauchzehe, 3 EL Kübiskerne ohne Schale,
1 Bund Petersilie, 2 Bund Basilikum,
40 g geriebener Parmesankäse, 6 EL Kürbiskern- oder Olivenöl, Salz, Pfeffer

Den Knoblauch schälen und zerdrücken. Kürbiskerne ohne Zugabe von Fett in einer Pfanne rösten. Petersilie und Basilikum abbrausen und trockentupfen, die Blättchen abzupfen und grob hacken. Knoblauch, Kürbiskerne und Kräuter zusammen mit Parmesan und Öl im Mixer pürieren. Mit Salz und Pfeffer würzen.

- Zu Spaghetti, Gnocchi oder gekochtem Fischfilet servieren.

## Kürbiskernsauce

100 g Kürbiskerne ohne Schale,
1 kleine Knoblauchzehe, 2 Eigelb, 1/2 EL Zitronensaft,
4 EL Kürbiskernöl, 1/4 l Sahne, Salz

Die Kürbiskerne in der Mandelmühle mahlen. Knoblauch schälen und zerdrücken. Beides in den Mixer geben. Mit Eigelben und Zitronensaft pürieren, dabei das Öl tropfenweise einlaufen lassen. Nach und nach Sahne dazugeben. Mit Salz würzen.

- Kalt zu gekochtem Gemüse oder Fisch reichen.

# Kürbis-Orangen-Sauce

1 unbehandelte Orange,
500 g Kürbispüree (Rezept S. 41),
1/2 l frisch gepresster Orangensaft,
1/2 TL Ingwerpulver, 1/2 TL Zimtpulver,
250 g Gelierzucker

Die Orange hauchdünn schälen, sodass das Weiße an der Frucht verbleibt. Die Schale in feine Streifen schneiden und blanchieren. Die Orange auspressen. Kürbispüree, Orangensaft, Orangenschale, Ingwer, Zimt und Gelierzucker in einem Topf erhitzen und 4 Minuten sprudelnd kochen lassen.

- Entweder sofort zu Fisch, Schalentieren oder Fondue reichen oder in heiß ausgespülte Twist-off-Flaschen füllen und gut verschließen.

# Frischkäsesauce

400 g Frischkäse
(z.B. Buko oder Philadelphia),
1/4 l Milch, 1/8 l Sahne, 100 g Staudensellerie,
100 g Kürbiskerne ohne Schale,
1 Bund Schnittlauch, Salz, Pfeffer

Den Frischkäse in einer Schüssel mit Milch und Sahne glatt rühren. Den Sellerie von den Fäden befreien und in sehr feine Würfel schneiden. Die Kürbiskerne in einer Pfanne ohne Zugabe von Fett rösten und in der Mandelmühle mahlen. Den Schnittlauch abbrausen, trockentupfen und in Röllchen schneiden.
Sellerie und Kürbiskerne unter die Käsesauce rühren. Mit Salz sowie Pfeffer würzen und mit Schnittlauchröllchen bestreuen.

- Die Sauce passt kalt, aber auch warm serviert, gut zu Pellkartoffeln und/oder Tafelspitz.

# Desserts

# Süßes Kürbissoufflé

400 g Kürbisfleisch, 100 g Zucker,
100 ml Apfelsaft (oder Wasser),
4 EL Zitronensaft, 30 g Speisestärke,
500 g Magerquark, 4 Eier,
Butter und Zucker für die Form

Das Kürbisfleisch würfeln, mit der Hälfte des Zuckers vermischen und mit Apfelsaft (oder Wasser) sowie Zitronensaft zum Kochen bringen. Den Kürbis 20 Minuten kochen lassen, danach pürieren. Die Speisestärke mit etwas Wasser anrühren und das Püree damit erneut aufkochen, um es zu binden. Unter mehrmaligem Rühren abkühlen lassen.
Den Quark in einem Küchentuch trockenpressen. Eier trennen. Quark, Eigelbe, Kürbispüree und restlichen Zucker vermengen. Die Eiweiße steif schlagen und vorsichtig unter die Kürbis-Quark-Masse heben.
Den Boden einer ausreichend großen Auflaufform (sie sollte so groß sein, dass sie nur zu 2/3 gefüllt wird) buttern und mit Zucker ausstreuen. Die Kürbismasse einfüllen. Auf die untere Schiene des vorgeheizten Ofens schieben und bei 175 °C in etwa 45 Minuten goldbraun backen.

Während der Backzeit den Ofen nicht öffnen, damit das Soufflé keine Zugluft bekommt und möglicherweise zusammenfällt. Sofort nach dem Herausnehmen servieren.

# Crêpes mit Kürbiskernen

Für 8 Personen
100 g Kürbiskerne ohne Schale,
100 g Weizenvollkornmehl (Type 1050),
1/2 l Milch, 1 Prise Salz, 4 Eier,
100 g Butter, 4 EL Zucker, 1 Msp. Zimt,
8 EL Ahornsirup

40 Gramm Kürbiskerne in der Mandelmühle mahlen. Mehl, Milch und Salz miteinander verrühren und 15 Minuten quellen lassen. Danach die verschlagenen Eier und die gemahlenen Kürbiskerne einrühren.
Jeweils etwas Butter in einer Pfanne zerlassen oder die Pfanne mit gebuttertem Pergamentpapier ausreiben. Pro Crêpe eine kleine Kelle Teig einfüllen. Die Pfanne schwenken, damit der Teig gleichmäßig verläuft. Sobald die untere Seite hellbraun, die obere aber noch feucht ist, etwas von den restlichen Kürbiskernen darüber streuen. Die Crêpe wenden und auf der zweiten Seite ebenfalls hellbraun braten.
Jede Crêpe mit einem Gemisch aus Zucker und Zimt bestreuen, zusammenklappen und auf einer Platte im Ofen warm halten.
Ist der Teig aufgebraucht, die fertigen Crêpes auf Teller verteilen, mit Ahornsirup beträufeln und sofort servieren. That's the American way of good life!

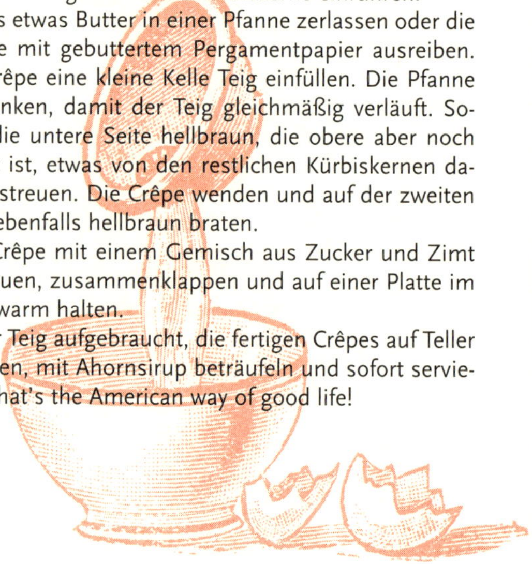

# Frittierte Kürbisblüten

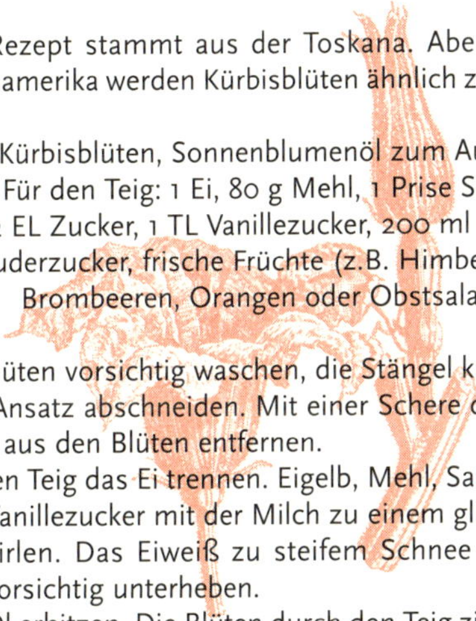

Das Rezept stammt aus der Toskana. Aber auch in Lateinamerika werden Kürbisblüten ähnlich zubereitet.

8–12 Kürbisblüten, Sonnenblumenöl zum Ausbacken
Für den Teig: 1 Ei, 80 g Mehl, 1 Prise Salz,
1/2 EL Zucker, 1 TL Vanillezucker, 200 ml Milch,
Puderzucker, frische Früchte (z.B. Himbeeren,
Brombeeren, Orangen oder Obstsalat)

Die Blüten vorsichtig waschen, die Stängel kurz hinter dem Ansatz abschneiden. Mit einer Schere die Staubfäden aus den Blüten entfernen.
Für den Teig das Ei trennen. Eigelb, Mehl, Salz, Zucker und Vanillezucker mit der Milch zu einem glatten Teig verquirlen. Das Eiweiß zu steifem Schnee schlagen und vorsichtig unterheben.
Das Öl erhitzen. Die Blüten durch den Teig ziehen und in dem Öl schwimmend ausbacken. Auf Küchenpapier abtropfen lassen. Auf Portionsteller legen, mit Puderzucker bestäuben und mit frischen Früchten anrichten.

- Dazu schmeckt eine Vanillesauce, mit einigen Tropfen Himbeergeist parfümiert, besonders gut.
- Wenn Sie die Kürbisblüten als Vorspeise servieren möchten, lassen Sie im Teig Zucker und Vanillezucker sowie den Puderzucker zum Bestäuben weg und bestreuen die ausgebackenen Blüten mit mildem geriebenem Käse. Dazu passen Garnelen.

# Kürbisravioli

Für den Teig:
150 g Mehl, 1 TL Salz, 2 Eier, 1 TL Öl
Für die Füllung:
200 g Kürbisfleisch, 2 EL Honig,
1/2 TL Zimtpulver, 1 Prise Ingwerpulver,
abgeriebene Schale von 1 unbehandelten Zitrone,
2 Eigelb, 50 g Zwiebackbrösel, 2 Eiweiß
Außerdem:
1 TL Salz, 50 g Butter, 50 g Zucker,
1 TL Zimtpulver

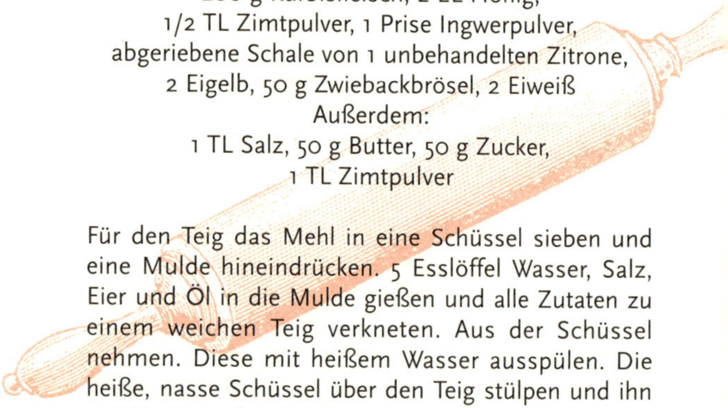

Für den Teig das Mehl in eine Schüssel sieben und eine Mulde hineindrücken. 5 Esslöffel Wasser, Salz, Eier und Öl in die Mulde gießen und alle Zutaten zu einem weichen Teig verkneten. Aus der Schüssel nehmen. Diese mit heißem Wasser ausspülen. Die heiße, nasse Schüssel über den Teig stülpen und ihn 30 Minuten ruhen lassen.

Inzwischen die Füllung zubereiten: Dazu das Kürbisfleisch pürieren. In einen Topf geben und so lange kochen, bis ein festes Püree entstanden ist, abkühlen lassen. Mit Honig, Zimt, Ingwer, Zitronenschale und Eigelben mischen.

Den Ravioliteig halbieren. Beide Hälften dünn und gleich groß ausrollen. Auf die eine Teighälfte im Abstand von 5 Zentimetern kleine Häufchen Zwiebackbrösel setzen. Darauf ein Häufchen Kürbismasse platzieren. Rundherum mit verquirltem Eiweiß bestreichen. Die zweite ausgerollte Teighälfte auflegen und

gut andrücken. Mit einem Ausstechring (5–6 Zentimeter Durchmesser) runde Ravioli ausstechen oder mit dem Teigrädchen quadratische Teigtaschen ausradeln. 2 Liter Salzwasser in einem großen Topf zum Kochen bringen. Die Ravioli mit einem Schaumlöffel hineingleiten und 5 Minuten darin gar ziehen lassen. Inzwischen die Butter in einer Pfanne bräunen. Zucker und Zimt miteinander vermischen.
Die Ravioli mit dem Schaumlöffel aus dem Wasser heben und in eine vorgewärmte Schüssel legen. Mit brauner Butter übergießen und mit der Zucker-Zimt-Mischung bestreuen. Sofort servieren.

# Backwerk

Die besten Rezepte für Kürbisbrote und -kuchen stammen aus den Vereinigten Staaten von Amerika. Eine Vielzahl von Rezepten, Backmischungen und Gewürzzutaten stehen dort zur Auswahl. Vorgefertigt und deswegen rasch zubereitet sind diese Gebäcke sehr beliebt, sei es zum Frühstück oder Nachmittagstee, mit Butter und/oder Marmelade bestrichen. Kürbisbrot schmeckt leicht süßlich und erinnert für unseren Geschmack eher an Rührkuchen als an Brot.

# Pumpkin-Pie

Für den Teig:
250 g Mehl, 1/2 TL Salz, 1/2 TL Zucker,
100 g Butterschmalz, 1 Ei, 2 EL Apfelessig,
3–4 EL Eiswasser
Für die Füllung:
400 g Kürbisfleisch, 1/4 l Crème double,
1/8 l Milch, 175 g brauner Zucker,
1/4 TL Zimtpulver, je 1 Msp. Nelkenpulver,
Ingwerpulver und geriebene Muskatnuss, 3 Eier
Außerdem:
Butter und Mehl für die Form, 1/4 l Sahne

Eine Pie-Form oder eine Springform (26 Zentimeter Durchmesser) einfetten und bemehlen. Mehl, Salz, Zucker, Butterschmalz, Ei, Essig und Eiswasser rasch zu einem glatten Teig verkneten und zugedeckt 1 Stunde im Kühlschrank ruhen lassen.
Inzwischen für die Füllung das Kürbisfleisch würfeln. Ca. 1/8 Liter Wasser zum Kochen bringen und den Kürbis darin 15 Minuten garen. Abgießen, grob zerstampfen und gut mit Crème double, Milch, Zucker, Zimt, Nelke, Ingwer, Muskat und Eiern mischen.
Den Teig zu einer runden Platte (28 Zentimeter Durchmesser) ausrollen und die Pie- bzw. Springform damit auslegen. Den Rand etwas hochziehen und andrücken. Die Kürbismasse darauf verteilen. Auf der mittleren Schiene des auf 200 °C vorgeheizten Ofens etwa 1 Stunde backen. Die Sahne schlagen und zu der lauwarmen Pie servieren.

# Französischer Kürbiskuchen

Dieses bäuerliche Rezept stammt aus Südfrankreich. Dort wurde der Kuchen früher auf einem Dreifuß über dem offenen Feuer gebacken. Dazu verwendete man spezielle Formen, deren Deckel eine Vertiefung für heiße Holzkohle besaßen. Diese sorgte dafür, dass der Kuchen gleichmäßig garte. Da haben wir es heutzutage leichter …

500 g Kürbisfleisch, 125 g Butter, 60 g Zucker,
1 EL Kartoffelstärke, 3 EL Milch, 4 Eier,
25 g gemahlene Mandeln,
2 gemahlene Bittermandeln,
1 EL Orangenblütenwasser,
1 Prise Salz, Butter für die Form

Das Kürbisfleisch in Würfel schneiden und möglichst im eigenen Saft garen. Danach pürieren und mit Butter sowie Zucker verrühren. Die Kartoffelstärke mit der Milch anrühren. Den Kürbisbrei nochmals aufkochen und mit der Stärke binden. Abkühlen lassen.
Die Eier trennen. Eigelbe mit den beiden Mandelsorten und dem Orangenblütenwasser unter den Teig rühren. Eiweiße mit dem Salz steif schlagen. Locker unter den Teig heben. Die Masse in eine gebutterte Tarteform füllen.
Auf der mittleren Schiene des auf etwa 175 °C vorgeheizten Ofens 1 Stunde garen. Zur Vorsicht eine Stäbchenprobe machen. Den Kuchen aus der Form stürzen und servieren.

# Englische Muffins

500 g Mehl, 200 g brauner Zucker,
100 g Kristallzucker, 1 EL Backpulver, 1 TL Salz,
1 TL Zimtpulver, 1/4 TL Natron, 1/4 TL Ingwerpulver,
125 g flüssige Butter, 125 g Kürbispüree (Rezept S. 41),
80 ml Buttermilch, 2 Eier

In einer großen Schüssel Mehl, die beiden Zuckerarten, Backpulver, Salz, Zimt, Natron und Ingwer vermischen. In einer zweiten Schüssel Butter, Kürbispüree, Buttermilch und Eier schaumig schlagen. Mit den Zutaten aus der ersten Schüssel vorsichtig zu einem glatten Teig verrühren.
In die beschichteten oder mit Papierförmchen versehenen Mulden des Muffinblechs füllen. 15–20 Minuten im auf 175 °C vorgeheizten Ofen hellbraun backen. 5 Minuten in der Form abkühlen lassen.

# Halloween-Cookies

Diese Plätzchen verteilen amerikanische Hausfrauen am Halloween-Abend an Kinder, die, als Geister verkleidet, an der Haustür klingeln und „Trick or treat" rufen, was so viel bedeutet wie: „Gib uns etwas oder wir spielen dir einen Streich!"

375 g brauner Zucker, 125 g Butter, 2 Eier,
400 g Kürbispüree (Rezept S. 41),
650 g Mehl, 1 TL Backpulver, 1 TL Zimtpulver,
1 Msp. geriebene Muskatnuss, 1/2 TL Salz,
1/4 TL Ingwerpulver, 250 g Rosinen,
250 g gehackte Pecannüsse

Zucker, Butter und Eier schaumig rühren. Alle übrigen Zutaten nach und nach einarbeiten, bis ein homogener Teig entstanden ist.
Ein Backblech mit Backpapier auslegen. Mit zwei Teelöffeln kleine Häufchen des Teigs auf das Blech setzen. Im auf 200 °C vorgeheizten Ofen 12–15 Minuten hellbraun backen.

- Wer mag, kann die Plätzchen nach dem Abkühlen mit Zitronenglasur überziehen. Dazu Puderzucker mit einigen Tropfen Zitronensaft zähflüssig rühren und mit einem Pinsel auf die Plätzchen streichen.

# Indian Pumpkin Bread

500 g Kürbispüree (Rezept S. 41), 4 EL Öl,
1/8 l Honig (oder Ahorn- bzw. Rübensirup),
500–600 g Mehl, 2 TL Backpulver, 2 Eier,
2 TL Zimtpulver, 1/2 TL Ingwerpulver,
125 g gehackte Pecannüsse,
50 g Rosinen nach Belieben,
Butter und Mehl für die Form

Kürbispüree, Öl und Honig (oder Sirup) verrühren. In einer Schüssel zunächst 500 Gramm Mehl, Backpulver, Eier, Zimt und Ingwer vermischen. Das Kürbispüree einarbeiten. Die Nüsse und nach Belieben die Rosinen rasch untermischen. Falls der Teig noch kleben sollte, noch mehr Mehl zugeben.

Zwei kleine Kastenformen oder eine lange Form mit Butter einfetten und bemehlen. Den Teig einfüllen. 10 Minuten im auf 200 °C vorgeheizten Ofen backen, dann die Hitze auf 175 °C zurückschalten und das Brot weitere 40 Minuten garen. Herausnehmen und etwa 15 Minuten in der Form auskühlen lassen. Danach auf ein Kuchengitter stürzen.

- Das Brot bleibt im Kühlschrank (in Alufolie eingewickelt) 14 Tage frisch und saftig.

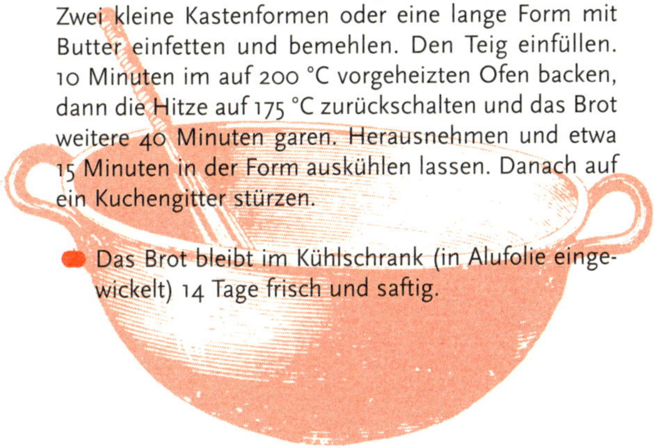

# Kürbiskernbrot

Je nach Belieben kann das Mischungsverhältnis der Mehlsorten variiert werden, also z.B. für einen hellen Teig: 500 Gramm Weizenmehl, 200 Gramm Roggenmehl oder für einen dunklen Teig: 500 Gramm Roggenmehl, 200 Gramm Weizenmehl.
Sie können den Teig zu einem Laib formen und auf dem Backblech backen oder in einer gefetteten Kastenform, gewässerten Tonform oder in 1 oder 2 Tonblumentöpfen. Nach dem Vorbereiten der Form streut man den Boden mit Kürbiskernen aus. Die Backzeit richtet sich nach der Größe der Backform. Backt man das Brot auf dem Blech, beträgt sie knapp 2 Stunden.

500 g Weizenmehl (Type 1050),
200 g Roggenmehl (Type 997), 150 g Sauerteig (vom Bäcker), etwa 1 l lauwarmes Wasser, 1 Würfel Hefe,
5 EL Sonnenblumenöl, 1 EL Salz, je 60 g gehackte Sonnenblumenkerne und Kürbiskerne,
40 ganze Kürbiskerne ohne Schale, etwas Mehl

Die Mehlsorten in einer großen Schüssel mischen. Sauerteig mit der Hälfte des Wassers verrühren und untermischen. Den Ansatz mit einem Küchentuch bedeckt etwa 5 Stunden an einem warmen Ort gehen lassen. Danach die Hefe mit dem restlichen Wasser anrühren und mit Öl sowie Salz in die Sauerteigmischung einarbeiten. Die gehackten Sonnenblumen- und Kürbiskerne ebenfalls unterkneten. Den Teig abdecken und nochmals 1 Stunde gehen lassen.

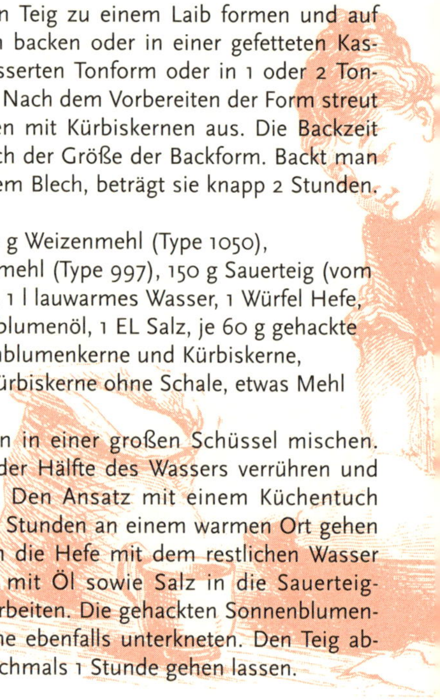

Den Teig auf einer bemehlten Fläche gut durchkneten, zu einem Laib formen (oder in eine Form legen). Nochmals 45 Minuten gehen lassen; danach sollte sich das Volumen deutlich vergrößert haben. Den Laib in Form drücken, mit etwas Wasser bestreichen und mit Kürbiskernen bestreuen.
Das Blech auf die untere Schiene des auf 250 °C vorgeheizten Ofens schieben. Ein Schälchen mit Wasser daneben stellen. Nach 15 Minuten die Hitze auf 190 °C herunterschalten. Das Brot 1 1/2 Stunden backen. Es ist fertig, wenn es beim Klopfen auf die Unterseite hohl klingt. Auf einem Kuchengitter auskühlen lassen.

## Kürbispizza

500 g TK-Pizzateig, 2 EL Paniermehl, 500 g Kürbisfleisch, 500 g Tomaten, 2 Eier, 125 g Crème fraîche, 1 TL Honig, 1 Prise Salz, 1 Msp. geriebene Muskatnuss, 20 g Butter, 100 g geriebener Käse (z.B. Gruyère)

Den Pizzateig nach Anweisung auftauen, dünn ausrollen und auf ein mit Backpapier ausgelegtes Backblech legen. Den Teig mit Paniermehl bestreuen.
Kürbisfleisch und Tomaten würfeln. Mit Eiern, Crème fraîche, Honig, Salz und Muskat verquirlen. Die Mischung auf den Teig streichen. Mit Butterflöckchen belegen und mit geriebenem Käse bestreuen. Auf der mittleren Schiene des auf 175 °C vorgeheizten Ofens etwa 20 Minuten backen. Mit grünem Salat als leichtes Abendessen oder als Partysnack servieren.

# Eingemachtes und Kompotte

Zum Einkochen von Kürbis, sei es zu Marmelade, Konfitüren oder zu süßsauren Beilagen, eignen sich die Winterkürbisse besonders gut, da sie ein festeres, weniger saftiges Fleisch haben als die Sommerfrüchte. Zum Haltbarmachen verarbeiten Sie am besten die verschiedenen Sorten des riesigen Zentners. Da sie sich auch als ganze Früchte den Winter über frisch halten, müssen sie nicht alle auf einmal verarbeitet werden. Angeschnittene Früchte allerdings sollten innerhalb von 2–3 Tagen verbraucht werden.

# Aprikosen-Kürbis-Marmelade

1 kg getrocknete Aprikosen, 2 kg Kürbisfleisch, 2 kg Zucker, 2 TL Vanillezucker, Saft und abgeriebene Schale von 1 unbehandelten Zitrone

Die Aprikosen mit 2 Litern kochendem Wasser übergießen und 24 Stunden quellen lassen. Am nächsten Tag die Früchte 30 Minuten kochen, das überschüssige Wasser abgießen und die Aprikosen stampfen.
Das Kürbisfleisch fein würfeln und in ganz wenig Wasser ebenfalls 30 Minuten kochen. Danach pürieren. Das Püree mit dem Zucker und den Aprikosen vermischen. Vanillezucker, Zitronensaft und -schale zufügen. Nochmals 30 Minuten kochen. Öfter umrühren. In Twist-off-Gläser füllen, verschließen und 10 Minuten auf den Kopf stellen.

- Anstelle der getrockneten Aprikosen können Sie auch 1 Kilogramm frische Pfirsiche verwenden. Dazu die Früchte blanchieren, häuten, entsteinen, würfeln, in wenig Wasser dünsten und pürieren.

# Kürbis-Chutney

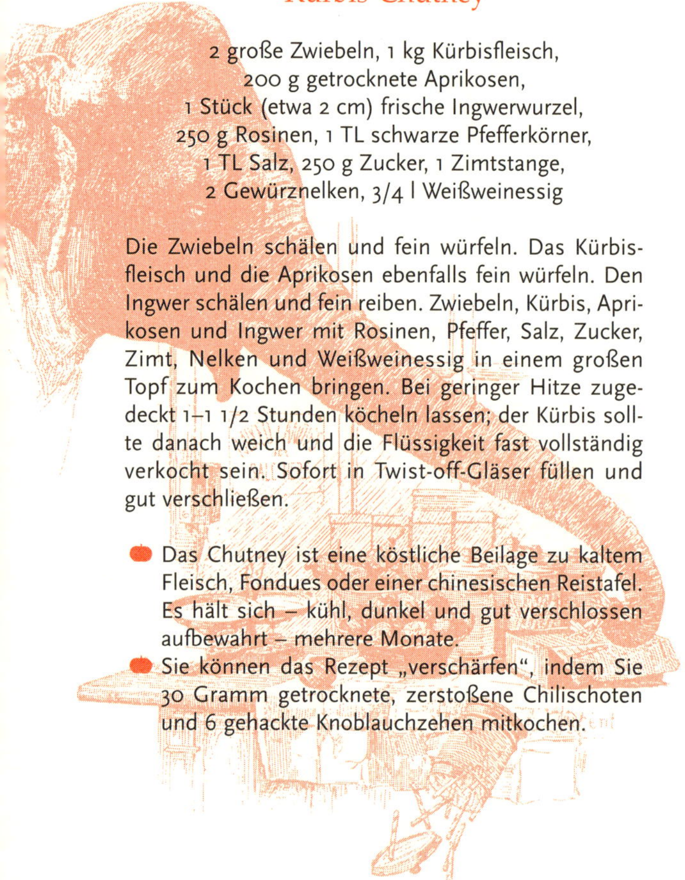

2 große Zwiebeln, 1 kg Kürbisfleisch,
200 g getrocknete Aprikosen,
1 Stück (etwa 2 cm) frische Ingwerwurzel,
250 g Rosinen, 1 TL schwarze Pfefferkörner,
1 TL Salz, 250 g Zucker, 1 Zimtstange,
2 Gewürznelken, 3/4 l Weißweinessig

Die Zwiebeln schälen und fein würfeln. Das Kürbisfleisch und die Aprikosen ebenfalls fein würfeln. Den Ingwer schälen und fein reiben. Zwiebeln, Kürbis, Aprikosen und Ingwer mit Rosinen, Pfeffer, Salz, Zucker, Zimt, Nelken und Weißweinessig in einem großen Topf zum Kochen bringen. Bei geringer Hitze zugedeckt 1–1 1/2 Stunden köcheln lassen; der Kürbis sollte danach weich und die Flüssigkeit fast vollständig verkocht sein. Sofort in Twist-off-Gläser füllen und gut verschließen.

- Das Chutney ist eine köstliche Beilage zu kaltem Fleisch, Fondues oder einer chinesischen Reistafel. Es hält sich – kühl, dunkel und gut verschlossen aufbewahrt – mehrere Monate.
- Sie können das Rezept „verschärfen", indem Sie 30 Gramm getrocknete, zerstoßene Chilischoten und 6 gehackte Knoblauchzehen mitkochen.

# Kürbiskonfitüre mit Orangen

500 g Kürbisfleisch,
Saft und Schale von 1 unbehandelten Orange,
500 g unbehandelte Orangen mit dünner Schale,
1 kg Gelierzucker, 20 g Zitronensäure,
1 EL Vanillezucker

Das Kürbisfleisch in sehr feine Würfel schneiden. Die Schale der einzelnen Orange abreiben und die Frucht auspressen. Die übrigen Orangen mit Schale ganz fein würfeln. Kerne dabei entfernen.
Kürbiswürfel, Orangensaft, -schale und -würfel mit Gelierzucker, Zitronensäure und Vanillezucker erhitzen und 4 Minuten sprudelnd kochen lassen. Noch heiß in Twist-off-Gläser füllen, fest verschließen und 10 Minuten auf den Kopf stellen.

- Sie können die Konfitüre mit zusätzlichen Gewürzen wie Zimt, Nelkenpulver oder Minzeblättchen aromatisieren.

# Sauer eingelegter Kürbis

5 kg Kürbis, 5 unbehandelte Zitronen,
60 g Senfkörner, 3 Gewürznelken, 3 Lorbeerblätter,
je 1 TL Thymian und Dill, 50 g Salz

Den Kürbis schälen, Fasern und Kerne entfernen. Das Fruchtfleisch wie Sauerkraut hobeln. Die Zitronen heiß abwaschen und in dünne Scheiben schneiden. Kürbis und Zitronen mit Senfkörnern, Nelken, Lorbeerblättern, Thymian, Dill und Salz in Steintöpfe schichten. Jeweils mit einem Brett und einem Stein beschweren. Einige Wochen durchziehen lassen. Das Brett und der Stein sollten währenddessen einmal pro Woche abgewaschen werden. Wie Rohkostsalat verwenden.

## Süßsauer eingelegter Kürbis

Das klassische Kürbisrezept, das in Deutschland vielen als Erstes in den Sinn kommt, wenn das Stichwort „Kürbis“ fällt.

1 kg Kürbisfleisch, 500 g Zucker (Kandis- oder Gelierzucker), 1/4 l Weißweinessig, Saft und Schale von 1 unbehandelten Zitrone, 1/2 Zimtstange, 1 Stück frische Ingwerwurzel, 4 Gewürznelken

Das Kürbisfleisch in 2 Zentimeter große Würfel schneiden. 1/2 Liter Wasser mit Zucker, Essig, Zitronensaft und -schale aufkochen. Den Kürbis 10 Minuten darin ziehen lassen.
Zimt, Ingwer und Nelken in ein Mullsäckchen binden, zum Kürbis geben und 30 Minuten mitkochen lassen. Das Gewürzsäckchen entfernen. Den Kürbis in einer Schüssel zum direkten Verzehr abkühlen lassen oder in Twist-off-Gläser füllen und fest verschließen.

- Der so zubereitete Kürbis schmeckt als Beilage zu gekochtem, kaltem oder warmem Rindfleisch, zu Bratkartoffeln und Sülze, belegten Broten, Fondue und und und ...
- Sie können auch 1/4 Liter Rotweinessig und 1/2 Liter Rotwein anstelle von Weißweinessig und Wasser verwenden.

# Kürbiskompott

4 kleine Hokkaidos, 1 unbehandelte Zitrone,
1/8 l Johannisbeersaft, 250 g rote Johannisbeeren,
2 EL Honig (oder Ahornsirup), nach Belieben
Kürbisblätter oder Efeu zum Dekorieren

Von den Hokkaidos jeweils einen Deckel abschneiden und beiseite legen. Die Kürbisse vorsichtig aushöhlen, ohne die Schalen zu verletzen, denn sie sollen als Kompottschälchen dienen. Fasern und Kerne entfernen und das Kürbisfleisch in feine Würfel schneiden. Zitrone schälen und das Fruchtfleisch klein schneiden. Den Johannisbeersaft zum Kochen bringen und Kürbiswürfel, Zitronenstücke sowie -schale 10 Minuten darin köcheln lassen.
Inzwischen die Johannisbeeren waschen, abrebeln und mit Honig (oder Ahornsirup) süßen. Die gekochten Fruchtstücke aus dem Saft heben und mit den Beeren vermischen. Den Saft dicklich einkochen lassen, die Zitronenschale entfernen. Das Kompott mit dem Saft begießen und erkalten lassen.
Die Kürbisschälchen mit dem Kompott füllen und auf Glasteller stellen. Nach Belieben mit Kürbisblättern oder Efeu dekorieren.

Das Kompott z.B. zu gebratener Speckscholle servieren. Es ist bei Kindern außerdem ein willkommener Nachtisch.

# Kürbis-Preiselbeer-Kompott

500 g Kürbisfleisch, 500 g frische Preiselbeeren,
100 g Zucker, 1 TL Vanillezucker,
1 Stück Zimtstange

Das Kürbisfleisch in feine Würfel schneiden. Die Preiselbeeren waschen und verlesen. Beides in einem großen Topf mit Zucker und Vanillezucker vermischen. Langsam zum Kochen bringen, damit sich während des Erhitzens Saft bilden kann. Umrühren, die Zimtstange zufügen und das Ganze 10 Minuten köcheln lassen, der Kürbis soll danach fast weich sein. Die Zimtstange entfernen, das Kompott abkühlen lassen.

Zu Wild oder Rinderbraten servieren.

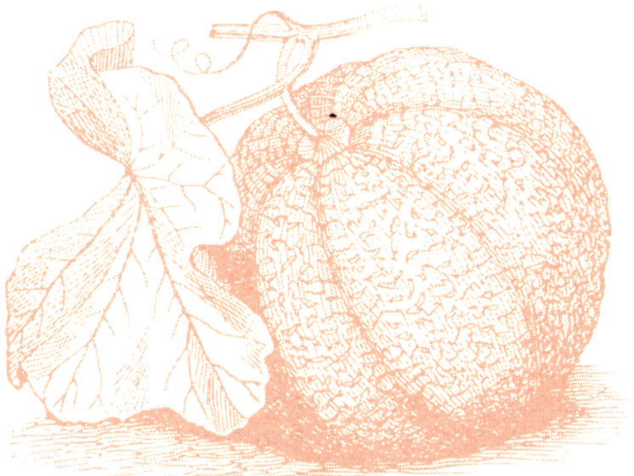

# Verzeichnis der Rezepte

## Vorspeisen, Snacks und Salate



## Suppen und Eintöpfe

## Gemüsegerichte



## Fleischgerichte



## Saucen

## Desserts



## Backwerk



## Eingemachtes und Kompotte